Introducing PuzzleWhiz: Your Weekly Brain Boost!

Are you ready to supercharge your brain, sharpen your mind, and have a blast doing it? Welcome to **PuzzleWhiz**, your ultimate companion for weekly mental challenges that are as fun as they are brain-boosting! Designed to keep your mind sharp and entertained, PuzzleWhiz is the perfect way to unwind while giving your cognitive skills a serious workout.

Why Choose PuzzleWhiz?

- **Fresh Challenges Every Week:** Each issue of PuzzleWhiz Word Search is packed with a new set of thrilling puzzles, No two weeks are the same, keeping you on your toes with fresh challenges designed to engage and excite.

- **Scientifically Proven Brain Benefits:** Did you know that solving puzzles regularly can improve memory, enhance problem-solving skills, and even boost IQ? PuzzleWhiz offers a fun and engaging way to keep your brain active, with puzzles that are scientifically proven to benefit mental health.

- **Perfect for All Ages:** Whether you're 8 or 80, PuzzleWhiz is designed to challenge and delight every puzzle enthusiast. It's the perfect way to spend quality time with family or enjoy some well-deserved "me time."

- **Stay Ahead with Monthly and Yearly Subscriptions:** Don't miss a single issue! Subscribe monthly and get 4 exciting issues delivered straight to your door—or go all-in with our **Yearly Bundle** of 52 issues, including a special edition that you can't find anywhere else!

- **Exclusive Special Editions:** Our annual subscribers receive a **Special Edition** packed with bonus puzzles, expert tips, and exclusive content that takes your puzzle-solving skills to the next level. This edition alone is worth the price of admission!

Your Subscription Options:

1. **Weekly Thrills:** Grab your PuzzleWhiz every week and enjoy fresh, exciting puzzles that will keep your brain buzzing.

2. **Monthly Bundle of 4:** Save more and stay ahead of the game! Get a bundle of 4 issues delivered each month, ensuring you never miss a week of mental fun.

3. **Yearly Subscription with Special Edition:** The ultimate package for puzzle enthusiasts! Get 52 weeks of PuzzleWhiz plus a collectible special edition that celebrates the very best of brain challenges with exclusive puzzles, brain-boosting tips, and more.

Don't Just Play—Train Your Brain with PuzzleWhiz!

With PuzzleWhiz, every week is a new opportunity to challenge your mind, improve your cognitive skills, and have a blast doing it. Our puzzles aren't just games—they're brain workouts designed to keep you sharp, focused, and ready for anything life throws your way.

Why PuzzleWhiz and What does it offer?

PuzzleWhiz isn't just another puzzle book—it's your gateway to a world of endless mental challenges, creativity, and fun. Whether you're a seasoned puzzle solver or just looking for a way to keep your mind sharp, PuzzleWhiz is crafted to be the perfect companion for everyone.

Here's why PuzzleWhiz is the best choice: Puzzles are more than just a pastime; they are powerful tools that challenge and stimulate the human mind. From word games to number challenges, puzzles engage cognitive functions, enhance problem-solving skills, and boost mental agility. Research shows that engaging in puzzles can improve brain function, memory, and even delay cognitive decline, making them invaluable for people of all ages. Below, we explore a variety of puzzles and their specific benefits to the human mind and life.

Word Search

A word search is a puzzle that requires players to find hidden words in a grid of letters. Words can appear horizontally, vertically, or diagonally.

Word searches are simple, yet addictive. There's nothing quite like the thrill of spotting a tricky word hidden in plain sight! From quick 5-minute puzzles to deeper, more challenging hunts, this book will take you on a journey through themed words you'll love. Grab your favorite pen or pencil—let's get started!

Importance: Word searches improve pattern recognition, vocabulary, and spelling skills. They also enhance visual scanning and focus, which are critical skills in everyday tasks. Studies have shown that word search puzzles activate the brain's language and memory areas, contributing to cognitive resilience (Smith, 2020).

Tips to Tackle Word Search Puzzles Like a Pro

Here are some tried-and-true tips to help you master these puzzles:

1. **Give the Grid a Quick Look:** Skim the puzzle first to see if any words jump out right away. It's a good way to get the momentum going.

2. **Start with Unique Letters:** Words with unusual letters—like X, Z, or Q—are easier to spot. Zero in on those first.

3. **Think in All Directions:** Words can run vertically, horizontally, diagonally, or even backward. Stay flexible!

4. **Mark as You Go:** Cross out words once you find them—it keeps things neat and avoids confusion.

5. **Use the Word List for Hints:** If you're stuck, go back to the word list to break it down. Look for starting letters or clusters.

6. **Take Breaks if Needed:** Don't get frustrated, sometimes stepping away and coming back with fresh eyes makes all the difference.

7. **Watch for Overlaps:** Keep an eye out, some puzzles are sneaky with words sharing letters!

Why Word Search Puzzles Are Amazing for You

Solving word searches isn't just fun, it's actually great for your brain and well-being!

- **Builds a Better Vocabulary:** You'll learn new words and strengthen your spelling without even realizing it.

- **Improves Focus and Attention:** Word searches train your brain to focus, ignore distractions, and stay on task.

- **Strengthens Pattern Recognition:** Spotting patterns in puzzles carries over to real-life problem-solving skills.

- **Relieves Stress:** There's something incredibly relaxing about getting lost in a good puzzle—it's like meditation!

- **Keeps Your Brain Sharp:** Word searches keep your mind active and may help prevent memory loss over time.

- **Encourages Quick Thinking:** The more puzzles you do, the faster your brain gets at finding solutions.

- **Brings People Together:** Whether you're competing or collaborating, solving puzzles with others makes for great bonding moments.

This book isn't just about finding words—it's about finding joy, challenge, and a sense of accomplishment. Each puzzle offers a mini-adventure, and with every word you find, you're training your brain to think sharper and faster. So what are you waiting for? Dive in, enjoy the hunt, and watch those words come alive!

Happy puzzling!

Subscribe today and become part of the PuzzleWhiz community! Weekly excitement, monthly bundles, and yearly specials await. Don't miss out—your brain will thank you!

References
- Smith, A. (2020). The Impact of Word Search Puzzles on Cognitive Function. *Memory and Language Journal*

SUBSCRIBE

PUZZLEWHIZ

Name:

____

Address:

____

____

Postcode: __________   Phone: __________________

Email: __________________

Subscription

Weekly ☐   Monthly ☐   Yearly ☐

Please fill the form and send it by email to:
PuzzleWhizPub@gmail.com

Payment Information will be sent to your email and phone.

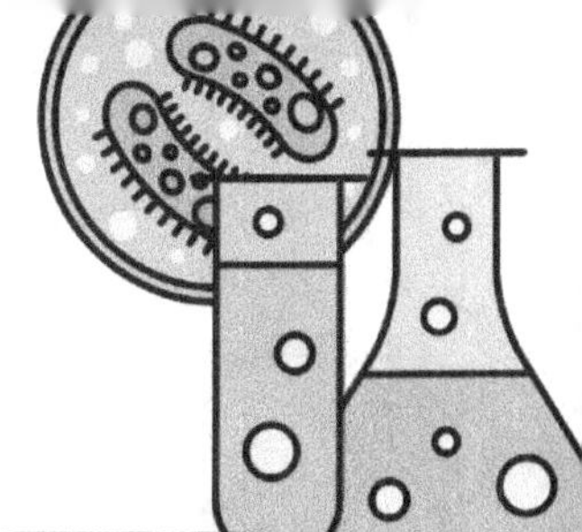

Puzzle # 1

```
S P N U O F Z D S N R Z L S M V T K W M T O C
L H S B A A P N R I H Q D O I R E P P G K G F
C O G R B L T S E T W O Q Y C P E U D N M B I
B T T M S S I O I I B T G U T I N E J I P K A
R O J N C U M U V U E A I R F P T Q E A F L I
O S S I O O B N N Q V R U U C L W Y G T M B R
M Y F T I E E D A I V G U O O R C E L N M Z O
E S H S N R R V R B D E X S P B O G D I O P T
L T O A L T L M O U W T O N R V N X D A D S A
I E I L E I I Z I L N E K Z O H S R X M E C G
A M X E O V N F S M U D O K L Q U B Q I R E I
D I Q B O G E M K G I T G A I A M S R Y A R V
P R O K A R Y O T E G C I H T E P E M P T V A
Y T I S R E V I D O I B R O E R T Q O I E I N
F M Z E S A G U A R O S Y Y N R I W A A F C M
X M H C U Y N D E T H Q F Z A H O X N B V A Z
K B A K O O C U L J G Z V F A T N A C S R L E
N K O Y V T E K B J Y F F C V L W N F V T R V
```

PROKARYOTE	MAINTAIN	ELASTIN
COPROLITE	SOUND	TIMBERLINE
PHOTOSYSTEM	BIODIVERSITY	RANVIER
ARTERIES	SOUR	BROMELIAD
COEVOLUTION	LYTIC	MIMICRY
CERVICAL	NAVIGATOR	CONSUMPTION
PERIOD	TARGETED	UBIQUITIN
VITREOUS	SAGUARO	MODERATE

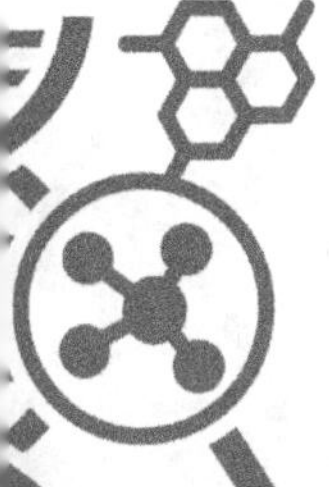

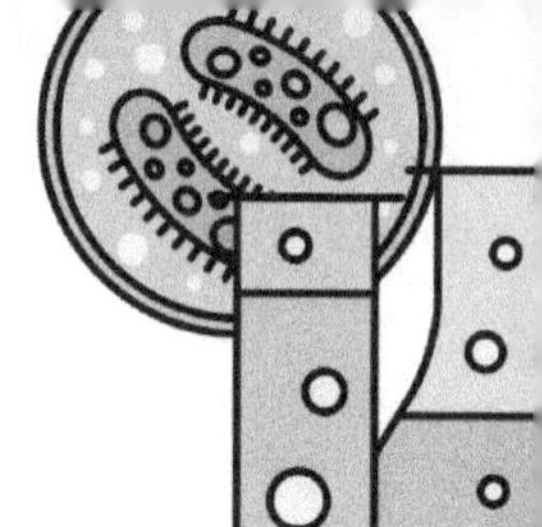

Puzzle # 2

```
W T H L E T A R B E T R E V B N W X E W Y N V
F W O R U S B F J E N D U R A N C E D N I F T
W P N D E C Y E L E D S J G T Q L P N C N S I
W O E O X D R S T P Z S A N A E R O B I C Q D
L O Y O R E Y A T T T U C R N K C V Q X D Q P
S N O I T U L O V E V N B Z P X W H D B F A K
P L D M P I X S E Z M L G Y E V R U S I R T J
L B U I T R I P L E T I M M S H M G O Y U K U
C L Y N S R U S W X N G C S S P B C X N X L X
S D E J Y E C U R O O H C K E V I Y M U V R F
A V S M L T A B N O I T P R O S B A U N E K U
G R T Z S O Y S U J N K O M S K X S T K P K A
O P T R U N K U E X W K V E S T I B U L A R B
L L A F N I A R N O I T A V O N N I A C F A M
E F Z Z E W A F U O J V W N O H A K L C C O A
C N J X U J F A Q T W P R J Y I V F I I L O O
F E R T I L E C H E U Q A L P W A J S D V F C
O E A A Q M H E M E X Y U H F Q C Y M F H X Z
```

COCCUS	CAVA	PLAQUE
VENTILATE	TRIPLET	ENDURANCE
EVOLUTIONS	VESTIBULAR	ABSORPTION
SUBSURFACE	DISEASE	SURVEY
ANAEROBIC	RAINFALL	MUTUALISM
SUNLIGHT	FLUID	TRUNK
DUMPER	FERTILE	SYSTEMIC
HONEY	VERTEBRATE	INNOVATION

Puzzle # 3

```
A L B W A M L J M H S I S O M S O I M E H C O
J T I S S E N S U O I C S N O C G C E C B P H
P H E G E U S D S P L A S M O D E S M A R J X
V A C I H P O R T O T U A R J Z O J Z I T L K
M Q K G K T Y W J X A F F A C L K N V W I C H
J T S I C J G N I D N I B L T J K H O U P D T
D W R D D R Y U W W T M U U Q E S S O Y R L T
N X A A C N R U N Y W M Q L A M I N A O A M B
J F N C M Y E O H L W U X L B G L P Y C T Y Q
A U G L V U H Y A L F N S E B R E A C T I O N
F J E R E E F Y S O D I B C Y T I L I T O M D
H K L S L K N B G D U T Z I Q P V L R O M S R
O F A Q T Y A F G O Y Y W T S E B A C E O U S
T W N J L Y S L V Y D I O L P U E N A Y Y A X
N R D O W K F O V P R O D U C T I O N U G Z W
O E P O N R P W V N N K L M W S P A N N I N G
M E N X Q S W E Z N S N P E R I P H E R Y P F
A T R A N S C R I P T A S E R V K Y F A P C I
```

ANEUPLOIDY	BINDING	PLASMODESMA
CONSCIOUSNESS	MULTICELLULAR	REEF
LIGHT	CHEMIOSMOSIS	TRANSCRIPTASE
SEBACEOUS	AUTOTROPHIC	POLYNYA
REACTION	IMMUNITY	TARPIT
ANIMAL	SPANNING	RANGELAND
KIDNEYS	DOLLY	MOTILITY
FLOWER	PERIPHERY	PRODUCTION

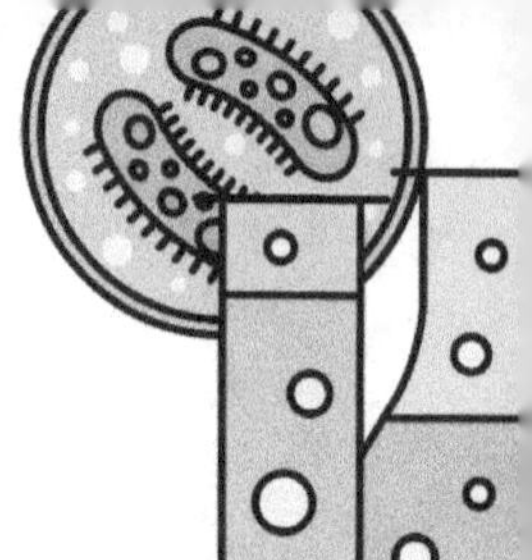

Puzzle # 4

```
P I W G D A L K E Q V C L Q F S X H E C J Z I
V Q Y H C I R T X E A Y C P E L H N J W Y P U
L T Z E N C Y H N S W A D O U Z Y O E D T D Q
P T L H M H Y T J N O N P F A I V I S G M A J
V L A M P V R P R O T O Z O A Y S S L N Y K S
S L Q O O I Q A G I E B N T V S X N A X O X N
E B R Z C T V B U T T A R B Q J Z E T G F W O
W E N L Z T H M K C A C D R F Y D T I Z K J I
X M E A T S E H C N L T P O M Y F O P V S H T
Y S J A K F R F M I I E A N Z L F U I D A P A
G N I H T A E R B T M R N C M B I R C M Y O T
U B O L P U C D K X I I T H U S J E C F A I I
K L A X O T R A Z E S U L I E S W P O O Z N P
P O L Y P L O I D Y S M I A X W W O I T N T L
W V O V L O B B F T A V O L P X Z L C P I U A
Y F C B O H W X O D N X N W A K R A E P X F P
M A R P E V A W N I R O P A U Q A R V G I C Z
O X H O C K O L E L B A D A R G E D O I B V G
```

OXYGEN	CYANOBACTERIUM	PALPITATIONS
BREATHING	CELLS	SNOW
POINT	EXTINCTIONS	INHALE
ASSIMILATE	WAVE	POLAR
AQUAPORIN	POLYPLOIDY	CHEST
OCCIPITAL	XEROPHYTE	MOTH
PROTOZOA	VENTRICLES	BRONCHIAL
TENSION	ANTLION	BIODEGRADABLE

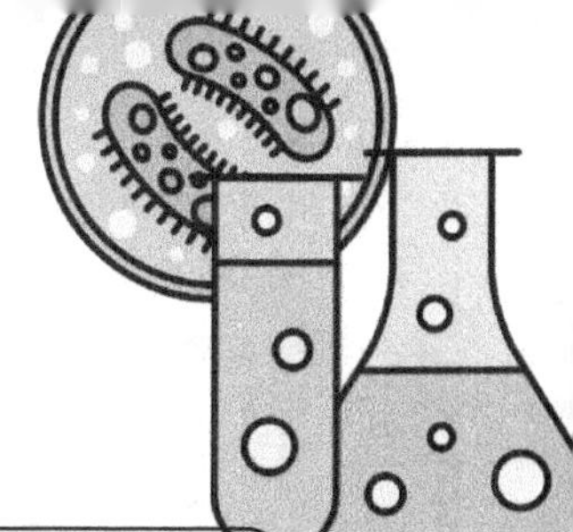

Puzzle # 5

```
G Y N A Y O H W U F G V N S C H Y N M G I Y U
Y A N T I S E P T I C Z G F I U Q V G J J Q G
Z Z S B N J O X S T J O L U M B Y O X I E O A
R E P M U D E S I Y C C A V A E Y K B E E Z L
E B W I Y V F L E S U O H T O H L S A C A Z K
W F G W Q W F Z D U H U L I C K K Y S N L A S
P G J N S H I C I L I H P O D I C A E A L F M
P L N F N W C W A L R U S X X H I J M R I U V
R B D A R D I P S R S T T Y Z U R S E U P D S
B J M Y I N E Q E G N Q O V T X P N N D A K U
B D E A V A N N D I X A I P N T W N T N P O K
U T E W E L C X W W F R N U T P K B Y E T E J
R Y W V R G Y Q R P O P S I M C H U R N I N G
M A I T C E T E D L D K P C I F A M A R T L U
K Z L C D Y E I O N X R G N I Z I N I E T U L
E H Z O N S O G X W A B W R E G U L A T E I K
X R S U S D Y D P T D L K N B C R E S P O N D
P H A R Y N X E V R E S E R P K P I X A O V V
```

ACIDOPHILIC	DUMPER	TARPIT
PHARYNX	DETECT	WALRUS
ANTISEPTIC	BASEMENT	CAVA
ENDURANCE	PRESERVE	HOTHOUSE
GLAND	LUTEINIZING	REGULATE
RESPOND	RIVER	ULTRAMAFIC
EFFICIENCY	VIROLOGY	CHURNING
PAPILLAE	PRICKLY	SOLAR

Themed Word Search Puzzles: Issue 13

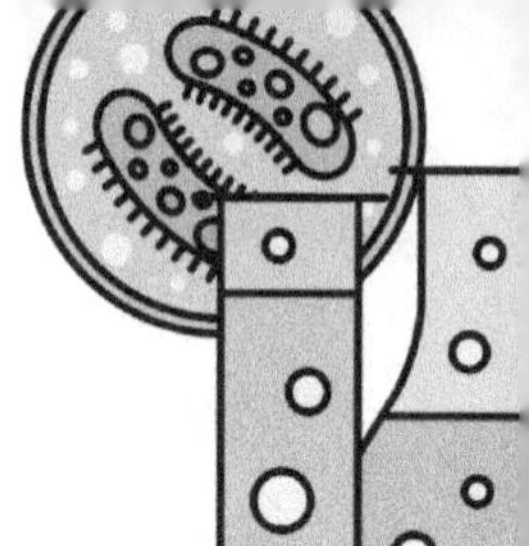

Puzzle # 6

```
B S N R E R C X B V Q K M V A N I J J V A T K
L U U Y E K I I D Y O Y B H N O V Y E D Z G O
I V Z M A F S C L N W G Y O E C O M M O N N B
L P M X S S U T P I A C R E G R O W G R J F I
L U R K C I T R I C H L F F W S P I R I L L A
S G U F B Q I V U S I P D L S P K W C T L S D
F L C B L K R F R L C D O O P V X Q H F S U W
T Y I Y I I T T W T J Z C S O Y A L L D U B K
Q C N T P G E A N U L W H M A W H I O Y R A T
V O O I O Q D V D N T Z M F Z B G U R G V R S
G L T L S W W I B D O A O U G Z U N E O I C J
U I O B T N B L M R A D I A T I O N L L V T X
C P P A E L L A F A J A I S N Z L N L O A I R
P I Y B R C K S M L W Z F S X O S T A H L C E
Z D H O I L I N C I T S I N U T R O P P O F J
G L W R O Q S M P E C O T O N E D P U R J N I
W O W P R K M J U C Y G O L O M O H N O E B P
N S S S D X S U N E S B V Z J X W T J L M I K F
```

BASOPHILIC	HOMOLOGY	ECOTONE
GLYCOLIPID	DETRITUS	SLOUGH
HYPOTONIC	RADIATION	CITRIC
SALIVA	OPPORTUNISTIC	TUNDRAL
SURVIVAL	MORPHOLOGY	CHLORELLA
POSTERIOR	SUMMER	SUBARCTIC
COMMON	PROBABLITY	SPIRILLA
WOODLAND	FALL	REGROW

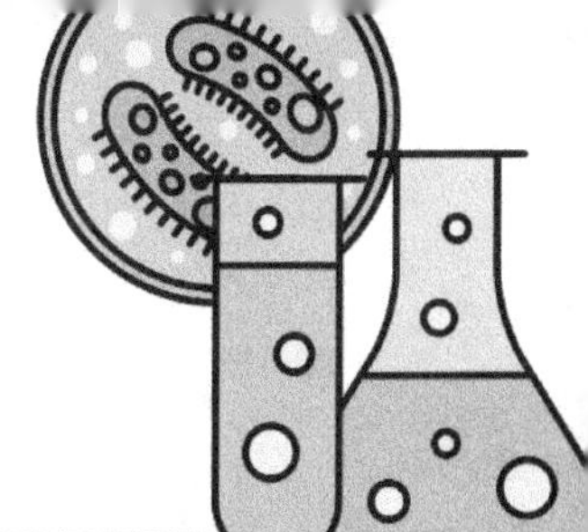

Puzzle # 7

```
X Q C B W D L H T H R V A F N O I S U F F I D
U X E R U T X E T H I Z S C H L O R I D E B P
A S T A L K E D N E A B C L C M X X I E S S R
F H V S D O R C A M P W W N Q C O W Z T A Y E
E D Z T R K T K B I E T C B I D P T Y R N Y T
O P C U Y Z U Z V D R F Y X E Z H T D T B M A
Y D I Y E R I P S E S O N R I Z I V F B Z Z W
G E C Z O Y L E X S E S E F D R E C U V E V H
M T U P J A D V I M G P E K A B H D I Y T L S
X S V A P E C Z J O N I S L P D I S F L I T E
U E E R D E Z J K S I M O Q C Y D H Q C C Z R
O N J A X U F A M O N P G I U I G C A V S Y F
C M W U L W U D M M E D V Q J D R R Z T P I C
R E T I C U L U M E M L F B L U U T O I K U J
R I D F Y L S P I R O C H E T E Z R N L A I H
Y P V B J E M B R A C H Y P O D A D Y E A T V
Q D U D S U H M S R N C N R X G E K Q X V D Q
R U O T N O C I K V J Z B Q E W G W I Y N M B
```

DIFFUSION	SPIROCHETE	REPAIR
STORAGE	NESTED	CONTOUR
RETICULUM	HEMIDESMOSOME	VENTRICLES
MENINGES	MAZE	SEAL
URACIL	REDOX	ZINC
RODS	FRESHWATER	TEXTURE
POLARITY	BRACHYPOD	CHLORIDE
CYCLIC	SPIRE	STALK

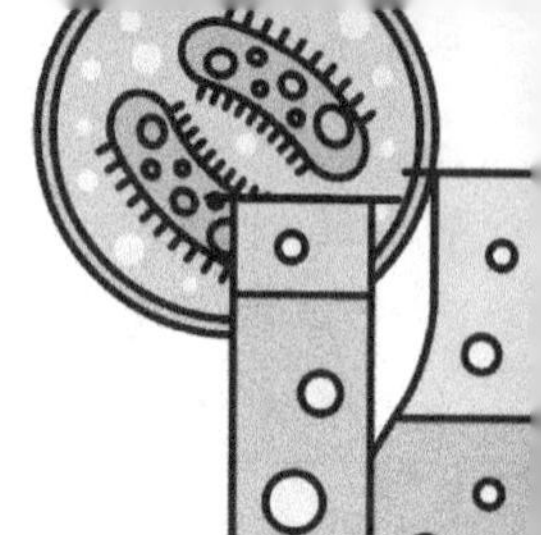

Puzzle # 8

```
R E S I N D S I S O M S O I M E H C H G Q S V
O G C O T N R G H T H C N Q E I T Z U S T Q Q
L U E R E D A E T A G I V A N E A R H T E R U
V B D U J H I D E F L A T E V K V N T D T Q L
J K O E N O G R H J E I E N O I I X C E D M S
X O N N N K G P B Y V G I P P N G F D G J U G
C X G O X X Q E A Y N W P V O J I A Q Q O M F
R E V R B Y M T W A H Z M T R H X Q T R C A U
L L B T B P E A S V Z J A U E H O V O O A S N
C C F C G Z S N R A X L N X T K A H D S R T G
L I Y E R Y O E Y C E J B R S U P I M U C I U
G L U L Z P Z G M M V P E K B S A U X C I C S
F L O E U M O Y N K L U V K O U A L J C N A C
X O F X M Z I X D J S Q T H L P P P H Y U O T C
P F I A F Q C O N E V H P C C N U L P L G I R
M E O N U N R T S A L C O E T S O H A E E O D
E W C C M N S G U A H X P S W F E U I N N N O
T G Z K C X A I Q E B G B B Q Q Y L M D T D N A
```

HYBRID	MUTUAL	FUNGUS
CAVA	ELECTRONEURO	LOBSTER
CHEMIOSMOSIS	MELATONIN	RESIN
DEFLATE	PHOSPHOROUS	SUCCULENT
CARCINOGEN	FOLLICLE	MESOZOIC
MASTICATION	NAVIGATOR	UPLAND
OSTEOCLAST	FAUNA	OXYGENATE
URETHRA	NAVIGATE	REUSE

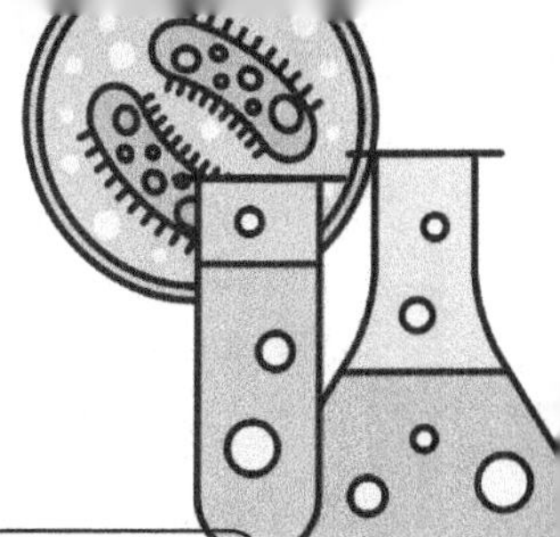

Puzzle # 9

```
C B I C F E W Z Y P Y K E S F C L O X E M Z F
E B K B S L U G H Z T D L T B H I H L R X X F
A F C Y K T Y T I C I T S A L E A B F R N V N
I B A B G T Z D I C W O B C L O N I N G Z Q H
R Y B P Z U E M I G R A T I O N A E F I K X R
E X T Z H H G T U G G U A V A G K U X S F T X
T Z U L K S S R A H Y P E R T R O P H Y G P G
C Q O Y F E X N A I C Y W E B I O S P H E R E
A B Y T P J I L L E H S C O E V O L U T I O N
B G B B A S E Q A R C T I C E B N V B L Y M L
E L N L M G F R T S A D O H M O C R A V I N E
A C V I R D V M E X S T R G I Z N R X K J N P
H N O T D V W A T H Y Y N X G R C M P Z H G T
C F T N M D Y I L P P Z Y A R H N W O T D I M
R X I U I S E M E V X O N B A W R D E G I K V
A E I T M F A H I T E J G E T A G I E X L E Q
P S Y N Y F E A S Z D S O K E S H E B M X J R
T A F M A O P R L R F N L E U C O P L A S T P
```

COEVOLUTION	LEUCOPLAST	VALVES
PESTICIDE	ARCTIC	SHELL
ORGANISM	CLONING	HYPERTROPHY
SHEDDING	LIANA	MIDTOWN
SHUTTLE	ARCHAEBACTERIA	ELASTICITY
CONIFER	OUTBACK	ECOTYPE
BIOSPHERE	ARCHAEON	MIGRATION
RAVINE	GOPHER	EMIGRATE

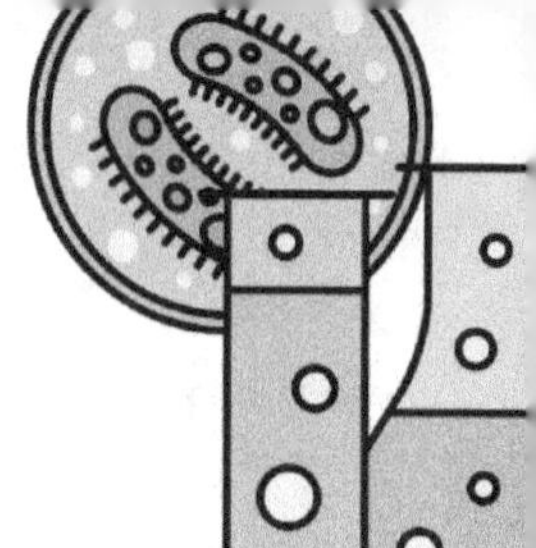

Puzzle # 10

```
H J E L N G Y M P O G E O C H E M I S T R Y J
W T W Y H R N P T I P P H P H O S P H O R U S
M E U Z U E A K O U F S D O L D R J Y M L O U
K U F O S E B H S R E T R L M X O M V A U S L
E K Z E M N R D U H T N E U R O N S T S L F R
O Z D T K W U B O A A O M W A Y L R J K N O J
N G J I S A B M R L L I I N W W O O I K T X K
E A Z G J Y U V O L E T F E V P J F G P F G N
J Q Z B N T S N V E R A L K L F B Q E Y A R L
U E O J F P N V I B R I Z B N P P C Q D E O E
E H D U I W N I N U O C V I U Y E N F Y I G S
J K Q U A W A R R R C A S K P R M L X K H V A
E T E R C X E X A P I L X X O C Y Q S A L Q I
T C E J I X T T C X T G K T H S Y N D R O M E
H M C Y D G B G K K J O O R S T R E A M R E A
G N I Z I N I E T U L H O L L E C O T O R P A
I V H M A F B V O A P J Q F M I B Z R N X Q P
A K V E S P I P Y T I S R E V I D O I B B Z Q
```

HOMOLOGY	ACID	LUTEINIZING
GLACIATION	NEURONS	SEDGE
PLEIOTROPY	SYNDROME	PROTOCELL
MOUTH	PHOTORECEPTOR	GREENWAY
BIODIVERSITY	RUBELLA	GEOCHEMISTRY
PORTAL	STREAM	SUBURBAN
FOOTPRINT	PHOSPHORUS	CORRELATE
EXCRETE	FIG	CARNIVOROUS

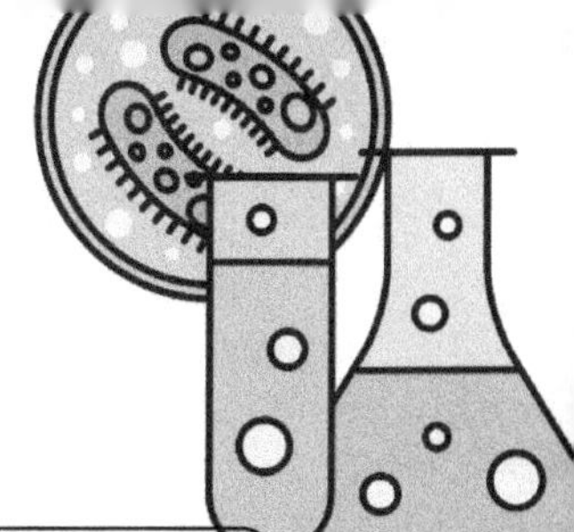

Puzzle # 11

```
O C D A C L P G H X I H M S M S H T S I L S D
U O K Z X R Z C N T K T A F N A S C J N E A W
F G Z I O D H Y R I C X Y N W Z E I W O W A E
S E D N D J N N O O T H F L N A E J O I A D L
I O A N W U F H R S T T Z X F A V O U T U E O
F T A F S Y E V N B R P O A X T V W T A T H I
E U M T T W T I C N S C E L S O I A R Z O Y H
P V N Z R C M I U L N U E C C G D R S I T D C
Z U G C A A A G V E D S N O E K V Q D N R R N
S I S O T Y C O G A H P I B B R L K O O O O O
L V N I I I H G E D C L J A A N O F T L P G R
H G V N G T O N E S B N Y Z Q K O M C O H E B
G X P W R T G N L A R O T T I L E R E C I N T
E W U I A E Z I L I T R E F A S Y D T H C A S
L Q K T P Q U I N S H O R E Q P B L V C C S L
B R I Y H D E T R I T U S B U M M U L F E E X
X K M X Y S D I C A O N I M A U R F J Z Y L G
O E C O F R I E N D L Y B B B M R U J V M F E
```

ELECTRON	PHAGOCYTOSIS	BRONCHIOLE
PRONATE	DETRITUS	EEL
SAVANNAH	STRATIGRAPHY	VITAMINS
CHEMORECEPTOR	AUTOTROPHIC	SUNBAKED
DEHYDROGENASE	FUNCTION	AMINOACIDS
COLONIZATION	BAY	INSHORE
MUMPS	CAVITY	CLOTTING
FERTILIZE	LITTORAL	ECO-FRIENDLY

  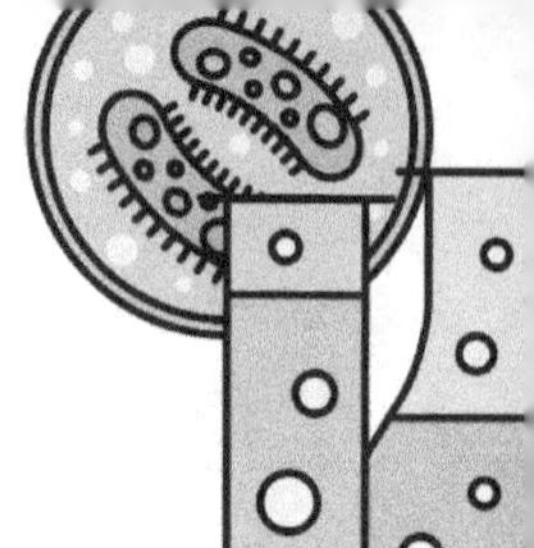

Puzzle # 12

```
E S A T C U D E R L T S A O C T L S O L W G U
Z W V F M M N S Z G T D L S S M W E M Q I G W
K A N E C Z R E E F Z A M U E Z U I G Y L O A
C B O C S G N I L P A S F R O O I R N F D P S
A M D Z W I G F Y E K K I I Y T G M M O F B O
G A E M L X C M D L U D S V K B S N S O L N N
H R Y N M H T U O J B O H A E S U O M T O E B
G J A T A G N O L B O V P T C N U R A H W E V
O R I M N C C U X A M X R O K G Y O Y I E O H
G C A Y S B V Y Z J R K I R V Z F T B L R M I
L Y E S K T G E N E T I C I S T F Y E L R T M
P T S R S M A Q D W M I T O C H O N D R I O N
B O A D Y H M I K H P O R T O T O H P C D Z P
I P N D R T O Z N X H E P Y X M D T Q C P E O
F L I H M T H P M Y G O L O E G U V G G R K F
M A K V W U M X P T E Y E S E C R E T I O N O
I S N X S F J X J E H J V O S T E O C L A S T
X M O T H W K K H F R B A X D U C T L E S S Y
```

CYTOPLASM	REDUCTASE	GRAMSTAIN
OBLONGATA	SAPLING	WILDFLOWER
SECRETION	ROTAVIRUS	MITOCHONDRION
DUCTLESS	REEF	GRASSHOPPER
VESICULAR	OSTEOCLAST	KINASE
EYE	FISH	MOUSE
GENETICIST	NODE	GEOLOGY
PHOTOTROPH	FOOTHILL	COAST

  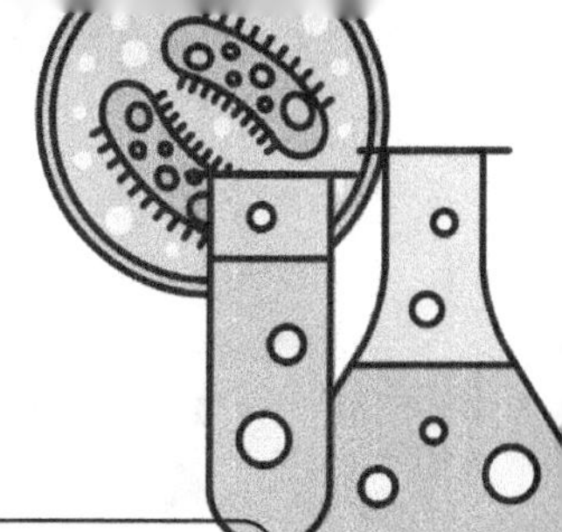

Puzzle # 13

```
O R D L E I H S A G I Y R T S I M E H C O E G
X M I N E R A L L D V C I T O M S O I M E H C
Q S K A X U P Y E S A B D H W L Y W W M S R S
N A J C Q O C C I M H P P Y P E O I P N I M L
S T C N O O O S W N G K I E E O I Q O B S B C
B E A I L N O U X M H N C C R W R R N P A F Q
V N L Y D I U H Z S U N C A T C T T Z C T W A
T Z T E B T L F W E M G N S W N E C O O S Z V
P I N M C Z G A Q L M B C P I X G P H M O P O
C S Y V J T B Q O O I Y I A J E C E T X E M T
E S D M T Q I R Q I N J T S R R U T G I M H T
Z V S L K N W N S R G I A E B O P A E E O T C
E L Y O C D F R P T B N M A Q P N R O N H N B
L N M K L Z K W Q N I V Y V V H N G L E Q G B
D N A L B U R H S E R C Z R T Y W E O G W A H
Z B U N N K T R C C D H N T I T I T G O J Y A
Z J H J Q S C E I Q C P E N Z E Q N I E M V I
G U Q B M M R X U B I Q U I T I N I C N L A R
```

SOLUTE	GEOLOGIC	CHEMIOSMOTIC
CASPASE	NEOGENE	INTEGRATE
INTRON	HOMEOSTASIS	GLYCOLYTIC
UBIQUITIN	PERCEPTION	XEROPHYTE
CENTRIOLES	SHRUBLAND	SYMBIOSIS
CHEMOTROPH	SHIELD	MINERAL
DECONDENSE	ENZYMATIC	SELECTIN
GEOCHEMISTRY	HAIR	HUMMINGBIRD

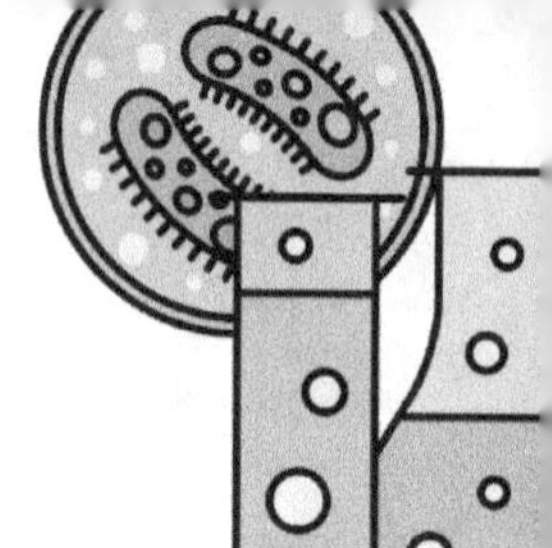

Puzzle # 14

```
F N E N C C N F G I B R S J K T F E X Q K S R
Y A T G A L B P L M O S E R E I R M N S K E S
X Q O E R N P V O P U M J F G L Q E P T I M S
V P Y N N M D V B O S E Z Z I L O O V R D X E
C P R E I Y N X I W P L N A Z N N T R N O Q C
I V A T V W C R O T I A U M W Z O A S R O Z O
F E K I O Q E M S K R N M C J R C C T Y Y C R
Q V O C R T J U B T E O M I S B E R K B S V P
V A R A E G A E W K R S T R B C Y S H R I M P
Z H P L S U F P H Y T O P L A N K T O N A H T
O B E L L I G R P C X M L F S K A K C E N J N
Y D K Y J L Q I V A A E I U I R T P L Q A W E
R O Q O A L L X G P R L P E Y I G U L S E L I
H T H Y P E O B X J T A P S G M S O G D R I D
D O B L X M U E T E L K T H R P P C L O I O A
U F S C K O I M R O K Q T U A A L I U Q Q C R
H Z H Z I T A M A C M J R C S N M T O I X E G
H Z C O N F O R M A T I O N A L E M S C D R X
```

PROKARYOTE	KREBS	CONVERT
SYSTOLE	CARNIVORE	SHRIMP
GRADIENT	CARRIER	CAPSULE
RECOIL	MILDEW	SPIRE
APPARATUS	TIGHT	DELETERIOUS
FILTER	CONIFER	GUILLEMOT
CONFORMATIONAL	GENETICALLY	PROCESS
MELANOSOME	PHYTOPLANKTON	ROUTE

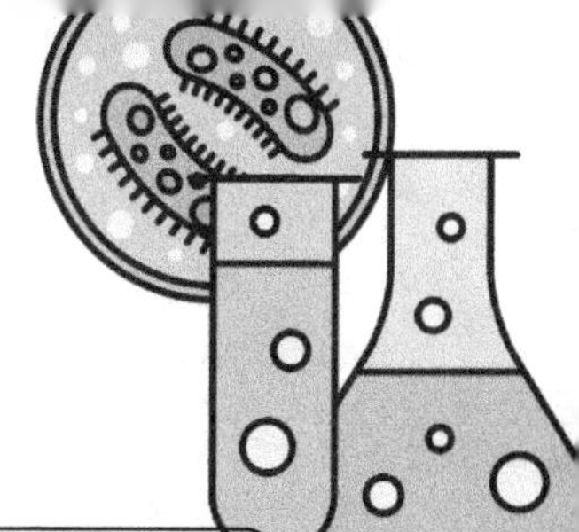

Puzzle # 15

```
Q B G T O R I B O N U C L E O T I D E E K K L
D E L O T S A I D N S L L C R O H B W U C F S
T U Y G R E I R R A B U N J A N Z X N D C P R
X B G Y V R C Y N Z C W O U P O S N K W I A B
R X I A N H Y D R A S E M E V P H O Q B J M M
G A I J I N S H O R E K U F C L V I S X Y P K
C O R N E A M O U T H P D U F A U T W O K A S
T A N D R O G E N S Y I O A F S B P C K I S T
P P H C L Q E Q S L M G Z T N T K R V N P L R
Z J Q I O D C R O Y X C L X Y H B O E X F S I
U G F N D Y Q R E E Q I K L G T U S K H I U P
Y V L E C E I W L I Y R I U A Y B B W L W M A
Q N O G X C A F M T G C N I Q F O A B E N M R
O T U Y R X F W S P V U D D U D R V V A Q E I
J G R L Z E Y U A C A I U Q C S X E N N M R A
T U I O X R P H O Y H T C X T L J G T Q S W N
K C S P Q T Q Y K O W R E F T M A T A A E H F
C J H J A F E G S B C Y D J F V S Y E J W D G
```

TONOPLAST	POLYGENIC	ANDROGENS
PYLORIC	HIDEAWAY	RIPARIAN
RIBONUCLEOTIDE	HERBACEOUS	CLAY
CIRCUITRY	SUMMER	PAMPAS
ABSORPTION	BARRIER	DIASTOLE
FLEX	FLOURISH	SOIL
ANHYDRASE	INDUCED	MOUTH
CORNEA	WATERFALL	INSHORE

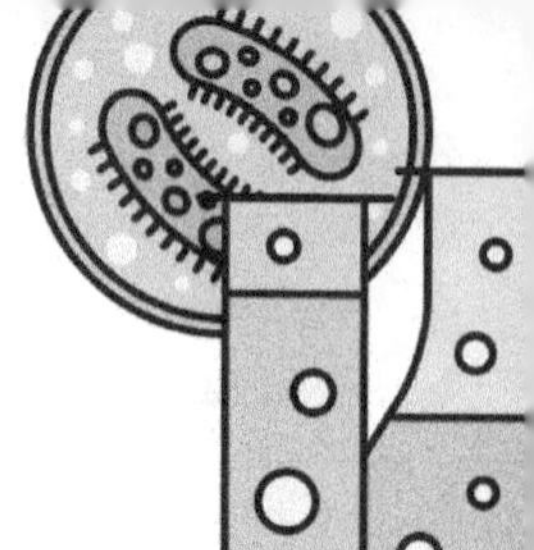

Puzzle # 16

```
Q G C I T A T S O R D Y H U X N J F B L M A V
V V G S L E E S C I L I U M G I W E X A J U A
O V A I B N E P D P T O M A K E V A S M U T E
S L X F W L Q U R N X A H E C S X T S R I O R
I C E R E B R O S P I N A L C W A Y A E G S S
G N E C K T Z K I B A F Y C I H Z K R D O O K
Z R T S N O I T C N I T X E C H A R G I V M Y
D I R O R G A N I S M A L G V A E N R P X E D
N T F F Z I L J X N N R G A R R C M I E K E Y
R A L U C I T E R Q Z R Y R E T I Q Z S O I P
B P H A G E Y W J H C D S I D I G R D W T R M
T E X J R Z E M L E L Y B M U F P I E A W I M
S P A C A R O T I D N N T Q C I P A M C C A C
V K G C D E F E C A T I O N T C Z C F A V R F
T Q A Z H D D O P J E X H A A I C C H E U P Y
H A M M O C K S O I S C H I S A E W N C Q B X
L Y J I Y G E F L T L J F G E L L U D F B A T
C M A O W H C L L A N O S A E S E I W C B N N
```

PHAGE	MECHANISTIC	EPIDERMAL
EXTINCTIONS	PRAIRIE	GRASS
ORGANISMAL	REDUCTASE	RETICULAR
CAROTID	KEY	BEACH
ARTIFICIAL	CILIUM	SELECTIN
DEFECATION	MIRAGE	AVENUE
SYNAPSE	HYDROSTATIC	AUTOSOME
CEREBROSPINAL	HAMMOCK	SEASONAL

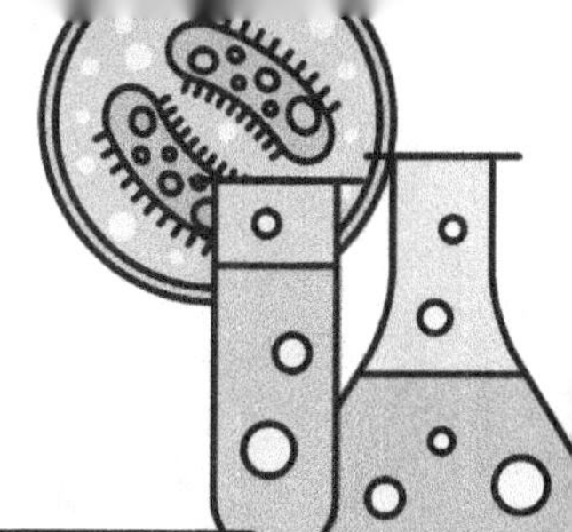

Puzzle # 17

```
L S Z M X S P U R I F I C A T I O N D V C I F
C Y N E V W N E G O N I C R A C F Y U B X Y L
O R G A N I S M A L O C H E M I O S M O T I C
K K M D A W V X O Z Q K W S U S E I J W Y S A
E V L O I Y O U O G N A O Z O T O R P P D T X
H Z Q W O V R S A I O A L U C A M L S H Z R E
T O S C V B E D A G L Y O X Y S O M E Q L O F
Y Y E H P M Z R Y O F P F U Q J K G D U K M P
X R P L Y V B K G G T V Z F M C H W D U C A R
P T S Q B W U M S E E T A N I M R E G L T T K
C F I W R A S H S L N T T E B B T Q I Z C O W
I F S G J T E S J M P C S O N R U M A R Z L A
E W F L Y H B G K Z H Y E T U Q A R O C E I R
K A O D N W K K A D G J N S A T R T A S S T H
D G E A M S P T U N Q P O G I F U T Y C K E Z
C E V J L W A D G O A R C C I W Y N E U I S N
R I N G E S T I O N I M E S N O P S E R S L R
E R S D V N K X W H E Q H K I Y A P Y I G L D
```

URACIL	CARCINOGEN	MESOZOIC
RESPONSE	GERMINATE	SUBZERO
ORGANISMAL	GLYOXYSOME	INGESTION
CONES	CLIMATIC	REEDY
DIVERGENCE	PROTOZOAN	DETRUSOR
MACULA	OAK	EBB
CHEMIOSMOTIC	STROMATOLITES	PURIFICATION
MEADOW	FISH	MANAGEABLE

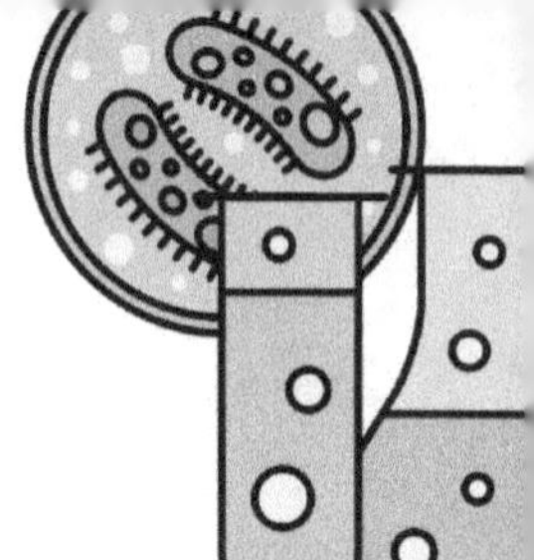

Puzzle # 18

```
C U Y V Q F Q W B D I O R Y H T M E X B B T S
G Y Z V A T N E I L I S E R Z A E W L C X M P
P E C E P A L E N I N E D A S G A P Y P F Z W
A F O H Z F G G O Y E I O S F T R Z M G A L Z
I G N R A J L C R E B Q I L S M X Q V T D M I
R S T Z Z V O A L S E F R W J D A P K K N P D
E N R F U A M C I R C U L A T I O N E B I H U
T E O Q S I E V G O V H S I Y M V B L S Y Z P
C N L T R K R T N U O U R F A G B E W K T L L
A B R P V A U O I J D T S A L P O R O L H C I
B T G X X Y L N R L R F I Z R E S P O N D P C
O Q E Z U A U H A T M M K V I T V I N E C V A
N Y M R L D S G E K J Q K E W X Q H G O U X T
A E Z I T A M I L C C A C P L A U N N A I B I
Y G L Q A I K B C N O I T U T I T S B U S N O
C B Y I X D A I N F E C T I O N U C P Y G B N
B O F A O Q E R T E C T O N I C S J D F G W S
A K R M P N W K Y T F X I R C G S C N R I H T
```

CHLOROPLAST	CONTROL	RESILIENT
CIRCULATION	VINE	MAPLE
ADENINE	INFECTION	CYANOBACTERIA
GLOMERULUS	PEST	EEL
DUPLICATIONS	SUBSTITUTION	TECTONICS
THYROID	BIANNUAL	MASSIF
PRIMARY	ACCLIMATIZE	TERTIARY
RESPOND	CLEARING	COAST

Puzzle # 19

```
R N W O K G W A W A X H V C H M L H N C C V H
E O W S P E C T R U M N O I T A R U T A N E D
S I Q W J M J A N T H R O P O G E N I C L H P
E T O Y O H C A R D I O V A S C U L A R O D C
T A J Q V P A R T H E N O G E N E S I S O S H
T R P N O U T H U A P F L L Z X N W E K R K T
L G H E X C R E M E N T G L A C I E R T W N A
E I Y I F P E R M E A B I L I T Y D U L G H O
P M O B J U R Y P E M P Y S C V O G T O M G D
H H D Z A V Z S R O T P E C I C O N S Q A U V
E Y S O W N E S U S T A I N A B I L I T Y Z E
N W L U E V D C S B G G R V E L E J O C R R E
O C E P R O G T M E N D O R P H I N M T X T F
T Y T T T L Y Z E D K I N S P I R A T O R Y K
Y X K N C W U T T I Z L P P T M W X F Z W Z H
P X E P K I V B S I B I Y B L A M F G R G G R
E A H P W G Y N A G O H A M G I L E H G I A N
R E S E A R C H E R C R E V I C E K U X Z S G
```

PERMEABILITY	ENZYME	ENDORPHIN
NOCICEPTORS	MAHOGANY	BULRUSH
SPECTRUM	DENATURATION	CARDIOVASCULAR
MIGRATION	CREVICE	APEX
PHENOTYPE	SUSTAINABILITY	EXCREMENT
STEM	GLACIER	STALK
ANTHROPOGENIC	PARTHENOGENESIS	INSPIRATORY
RESEARCHER	MOISTURE	RESETTLE

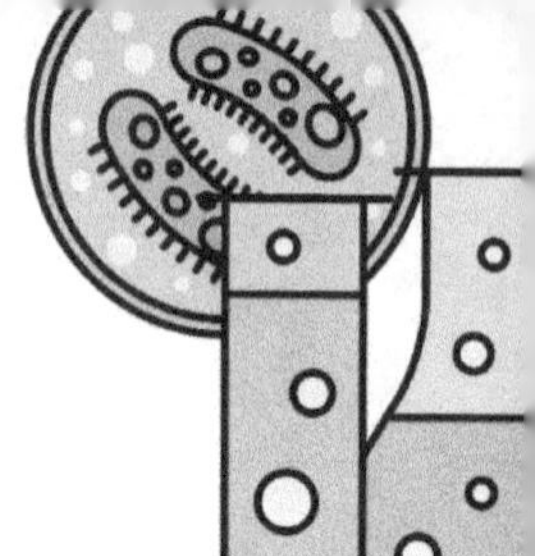

Puzzle # 20

```
V E A C R T V E G A L I T R A C O R B I F K J
Y C A C J G F Q N Y N R I V H E M O L Y S I S
R N K Q J C D E N T E B S H K H O N N Z W G E
E E Z H L L T W E S I I C Y A D K O M C B H P
H N P M Y W Y S E E N W E A T H E R S I D D O
Y I Q L O O T A V I G J J U I O E F Z T T B L
L T U R B I R P A B O W H W V N M G N E G K S
A N K K N C I L F V O I I I D Y P R O N A T E
E O R E H W P N C T L U A O U D N B I E H V L
R C D E W D O R O L G I C E C E V Z T G I O T
O N R V O Y B O S N P Y Z X R G V S C O J X N
B I O O M H U I W O T B R Y E A Y K U T P Z A
R E L I G X D T R O B W W X E L N E D Y X V N
A F Z F P E O C S B A S A L D L Q L S C Z B I
G I C J U S C I M O E T O R P I K E N A D A M
D P G Z W H S I F L L E H S F T H T A B E P O
Z M A J Y J J Y W V C K A I P X Y A A R D N Y D
R V T X A C O N S U M P T I V E Y L T R V C Z
```

ENDOCYTOSIS	ARBOREAL	FIBROCARTILAGE
PRONATE	HILLSIDE	ICE
CYTOGENETIC	BASAL	PROTEOMICS
CONSUMPTIVE	FLOODPLAIN	TILLAGE
DOMINANT	HEMOLYSIS	INTESTINE
RESEARCHER	CROP	NETWORK
TRANSDUCTION	SKELETAL	INCONTINENCE
SLOPE	SHELLFISH	WEATHER

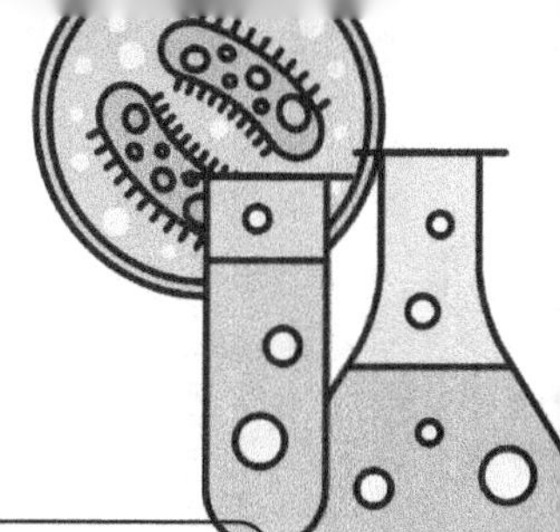

Puzzle # 21

```
I M S R O T A L U G E R Z A E N I P L A B U S
A O F Y E A W N E B P A E C H Q C Y F D N E F
N O I T A G E R G E S G I Y D T D J A R C C T
E L B A E M R E P V A T X D B I P I T B Z O N
N C D Q S H Y Q B R T E U E Y Y U C X V C L P
O D I T T Z I H E R C I R C U M D U C T I O N
I B Z B Y T F V L D E A H C T U A M B V L G J
T Q J G O B O A O Y G G O S N S Q L M V F I J
C J O I K C K P W R A Z S Z Q A O Y H R H C K
A T U G R E E U S C O N T A I N E R K C E A H
E S S U T A I G O E P I D E R M A L F R I L V
R T L E Q G M O S Q K P T N I O P K C E H C K
R E T S I L B L O A O Y H T K H B B M Z E B R
W B Y R S L Y R U D Y V G D Z T I P D B C Z P
S E G N I N E M W F E S G U I B O N D R K H I
U G D Y J N T Y R D L W W R Q I T D B P A L R
Z K Z O E N E V E P E I G O K C I V E P D U E
N O I T C U D O R P Q C H D I E C M K H W Q G
```

CHECKPOINT	GUARD	BIOTIC
MENINGES	FROST	CONTAINER
SEGREGATION	ZYGOTE	PERMEABLE
CIRCUMDUCTION	LAKE	ICE
REGULATORS	ECOLOGICAL	EPIDERMAL
BLISTER	SUBALPINE	GRIT
REACTION	HOST	CHLAMYDIA
COVERAGE	FULMAR	PRODUCTION

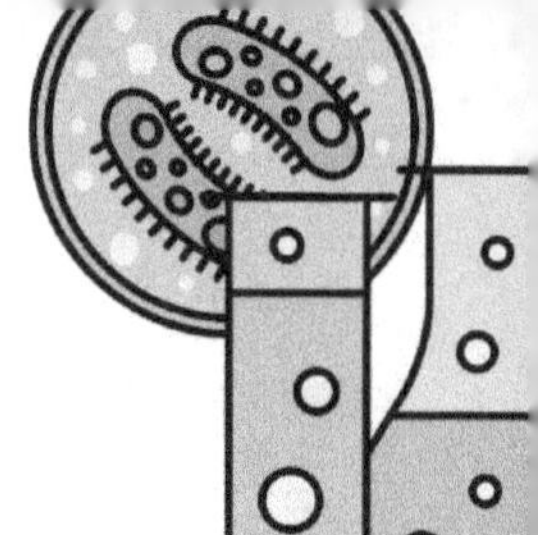

Puzzle # 22

```
R A Y S S H X P V R Y L F R P I M U X M B L N
J E J U N U M M X K S T A L K R U O R H Q C U
F H F N P G Q U I V C Y E J Y E F F E C T O R
E T K K S U V P N X S N V F U P E D C N X E P
P E P E G P X M Á C E T G T F L A N T R U M E
B J D C L P T R C R K D D E Z I M V K G I K N
A J M A T E T E L L C R M E I S C E I C Z M N
Y P Q B P T K C O I O I M W L O R I T B N J V
N U A Q D A N N V S I E T S R M Y U E W K M S
E G M K J C U E X S V Y G E T E R E X N F J L
F W U Y V I J L Z O V D X G N I D R W F C V D
B Q C L W R U I C F D C O W T I D D H P Q Y Q
U G R D I B D S X E O M W I D P K E A S A Q C
C R O U T U E L E C T R O L Y T E S N L R D S
R K Z W O L O G Q A W N Q N S V Y S O Z B Z R
N Y K N G B E X C R C O N S C I O U S N E S S
V C Y A N O B A C T E R I U M G L Y C O G E N
E P Y T O Y R A K B P E P T I D O G L Y C A N
```

PLAQUE	REPLISOME	PEPTIDOGLYCAN
ANTRUM	ELECTROLYTES	SWEET
KARYOTYPE	EFFECTOR	CYANOBACTERIUM
JEJUNUM	MICTURITION	MIXED
SILENCER	KINETIC	TRACEFOSSIL
GLYCOGEN	CONSCIOUSNESS	VOLCÁN
JUNK	EFFICIENCY	PUMP
BLADDER	LUBRICATE	STALK

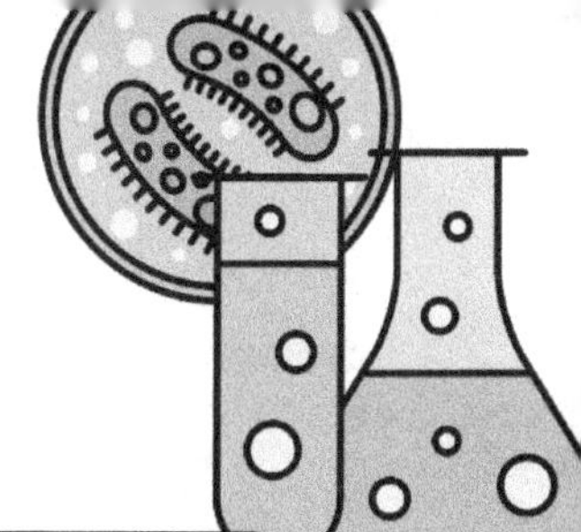

Puzzle # 23

```
T L A R I V I T N A Z Z P M M O Q I P J O V K
C J H T V F U N O I S E H D A N A Q T G X T M
V K Q E U V W O S F L F M E C H A N I S M Z Y
I O U T B R E A K R B E K P C E R W E G P G C
G Y J V F P V V X Y E T V A O N Q B H P P G O
L V Y L J S U L U R E M O L G R V P S R D N P
M X E O Q P J P T L J G L Q H E N U A O C Z L
T E M Y Z N E A U A E N U D O R O O V M Q B A
U S M W Q B J R N U V K N A L X M N A E U F S
S J O U O M H A D X P L T X O Y H S N N A Z M
C X A R L V M S R E S C A H C Y B T N A N B A
P G C U F O T I A S F P R L E X T W A D E U Y
V I K Q R A V T L B D Q Y S N U C V R E G F H
M X J E K U M E K M G Q Q X E A U R R I O F V
V H D D C Q F R H Y P O G L Y C E M I A M E V
Q Z Q G H Q T P E N W W K A C I J R F U Y R S
S E B A C E O U S P E N I R C O X E Q H Z L Z
J Y H O N D V T Y P E L W A Z O N E J A D K G
```

ADHESION	ENZYME	OUTBREAK
HOLOCENE	EXOCRINE	ZONE
SEXUAL	MECHANISM	PARASITE
VOLUME	SEBACEOUS	DUNE
HYPOGLYCEMIA	ZYMOGEN	MICROBE
VOLUNTARY	SAVANNA	PROMENADE
PERMAFROST	ANTIVIRAL	MYCOPLASMA
GLOMERULUS	BUFFER	TUNDRAL

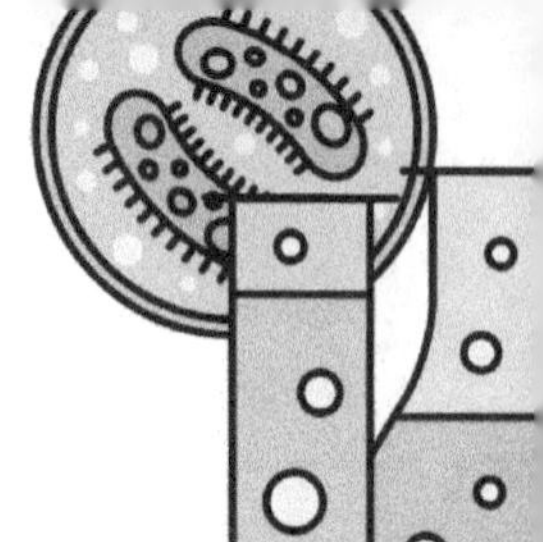

Puzzle # 24

```
V V Y V S Y T M M W V N E I S N R X I I F B J
B C M K Y D X M O R V T P U F E E D B A C K G
A I Q D S N L D D E P P O T R Y X L L V X F C
A H R R O A X I E X T I U T L K U A H U B C X
Y C I E L L W N R M R A F T Q I R C E A Z D Z
H N O Y S T V C A E R X N F O L L I C L E S C
W O K A T E Z S T U O M W R X V N N V I N E S
M R B L I W R E E Q V X H A E G R O L L R A Z
G B F Z C G L B F A D N M Y B B V U F I N L Q
H Y P Y E E Z E K W W E W O G D I N M Q R W H
M A G A D O D I H I L L S I D E Y H F N O D E
F L M B U L R U S H M F E N I N I T A E R C Y
A B A M B J N O I T A Z I N U M M I I G U V E
J E V S O G Y E D I C I G N U F G M U C U S V
O W I E D C P R I C K L Y H S I F L L E H S N
M F Z E J X K B U R F F R L S Q P G C L C I L
B L H D X F H T R O P S N A R T E C D R W H Y
S S A R E I N O O Q C H E M I O S M O S I S N
```

TRANSPORT	CHEMIOSMOSIS	BRONCHI
LAYER	PRICKLY	HAMMOCK
FEEDBACK	IMMUNIZATION	MUCUS
SEED	HILLSIDE	BULRUSH
WETLAND	NODE	CREATININE
FUNGICIDE	HIBERNATE	SHELLFISH
WEB	DELETERIOUS	FOLLICLES
SOLSTICE	VINES	MODERATE

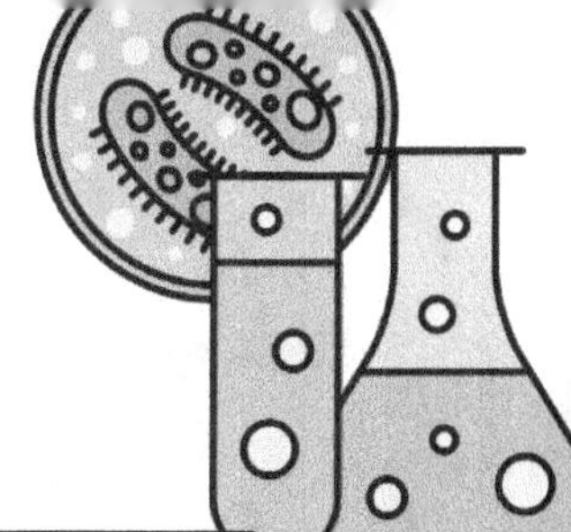

Puzzle # 25

```
P H O T O S Y N T H E S I Z E Y D M E Q A E J
Z S C E F V C L U R L S T Q P C E N R U C F D
T X X T A C E T Y L C H O L I N E F O L C I H
T U W S P I R I L L A U M E I N U T H Z O L C
R V C A L O Q M W H T Y I N P O F L S P M X Z
E M C T S U J S L B T G G U S I L B F F M Z Z
C G X M Q B U N R R Y E E R W T S R F X O Q Z
O W A G W C E E W X S Z H O A A S T O B D E C
N T Y H H J A I E U E K C I L R Q I A Y A K I
S T V E P K C I R D Y H T R L I N C M S T V N
U D S O D O L B B M X A I E O P Y H E I I Z O
M T H W H W I M E C K E P T W S N E Z G O S T
P H I A L M A R I E Q T L N E E O M B I N X R
T X L D W X G I E D I R O A M R Y L S H H Z E
I P W D T L L O X T T R G E O S P H E R E K P
V W U S K F O F N T C O C I L I H P O S A B Y
E J I B A Z Z I X A C A W F B E W P W E E E H
M A I R I S P Y G V L O B N Z D G J F F N Y Q
```

BASOPHILIC	RESPIRATION	LIFE
MENINGES	PITCH	HYDRIC
HYPERTONIC	OUTBREAK	CHEST
ANTERIOR	GEOSPHERE	MIDTOWN
BACTERIOPHAGE	ACETYLCHOLINE	TASTE
IRIS	PHOTOSYNTHESIZE	BEE
EPISTASIS	SPIRILLA	SWALLOW
ACCOMMODATION	CONSUMPTIVE	OFFSHORE

  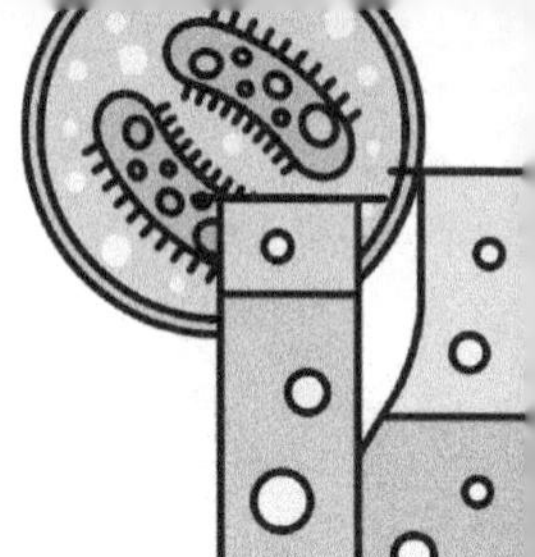

Puzzle # 26

```
N W E F R I B O N U C L E I C A C I D T D N O
U L I N J S X D O A K B A T C U J V F N L J U
T S N O I T A V I T C A S E A W R Y Y I I T A
H K I I M A D U M T Q V N T P F Z D E T D R H
S R Q T E L U B O L H T E A T T U B L M A E Z
F F Z A M S J Q S G R M T N G B T T V N E K N
T W Y C U S X V N O B Q Q I R Y R E V O C E R
J D M O T P T G M O B I Z L S R Q D I G E S T
K N O L A P M E L M Y M J L B R Y E N R U O J
Y W G S T L R U F O H N I O P U D D O P B Z P
N C E N I E S N N E S U A P B E X U Z D J G R
K M N A O P Z T N R J F Y C T E P N B V L E
P Z J R N Z V X Y E S A H P A T E M O R P D D
V H H T U E L A H W T N E M U C O D H E F O A
S N O I S N E T R E P Y H R Z P I M V T H P T
K Z P L R W M A E R T S D O O L B Z O N K W O
K Q S S P O N T A N E O U S A E T A C O L P R
R K B L R O N P W V C F D D N E G O R T I N E
```

MUTATION	ZYMOGEN	PREDATOR
DIGEST	LOCATE	CANYON
CENTROMERE	NITROGEN	RIBONUCLEICACID
LOBULE	DOCUMENT	JOURNEY
PROMETAPHASE	TRANSLOCATION	EMBOLUS
POLLINATE	FISH	TREK
ACTIVATION	SPONTANEOUS	HYPERTENSION
BLOODSTREAM	WHALE	RECOVERY

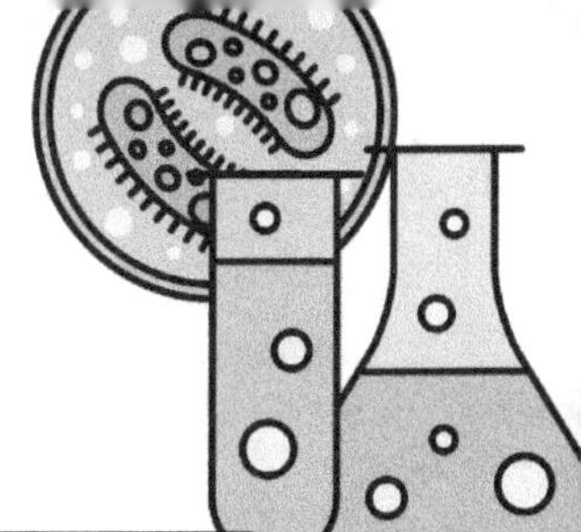

Puzzle # 27

```
P S G L M Z E K O K Q L U E T O Y R A K O R P
T Q V E R I N I H Y P E R G L Y C E M I A B G
P T P N V K E N R R W X W L Z P V U U K K F H
S J E N V G G E B E A H U E C I D N U A J Q A
Q X N A A Y O T R S T Y O U V P K H T X S V F
I P T H L N C I O E P I N N A C L E V U U Q F
A J O C V F N C P K N P C T U B U L E R R A I
N S S O E Q O H B G A E Y U T B A A Z E I A N
C M E J S N U X P B Q S W O L M M Z Z P V O I
S C N Y I M D A V C R T U A C A W O I R X U T
M U T A A R T W I D D B S M B Q R J Z G O C Y
Q C R N D H R L F Q H O B X U L D B I J P J R
N B I S O Y T Z R A F H T F P H E Z M G M L E
D L R L O M T X M W M E Y S W N U A T T N K Y
X L O F F G K M K V Y L A C I V R E C G Q Q A
B G V K S Y O W R X T T P A D A K W M P A Y L
Y J T Y F C V G Y W P Z Y E G B Y Z Q V N X X
L V W D K B V T C I N E G O H T A P Z B Z P G
```

PROKARYOTE	PENTOSE	HUMAN
PATHOLOGY	BRAIN	HAMMOCK
HYPERGLYCEMIA	PATHOGENIC	ONCOGENE
VALVES	CERVICAL	ADAPT
FOOD	AFFINITY	CHANNEL
JAUNDICE	LAYER	HUMUS
KINETIC	POXVIRUS	RETICULAR
TUBULE	PINNACLE	RENEWABLE

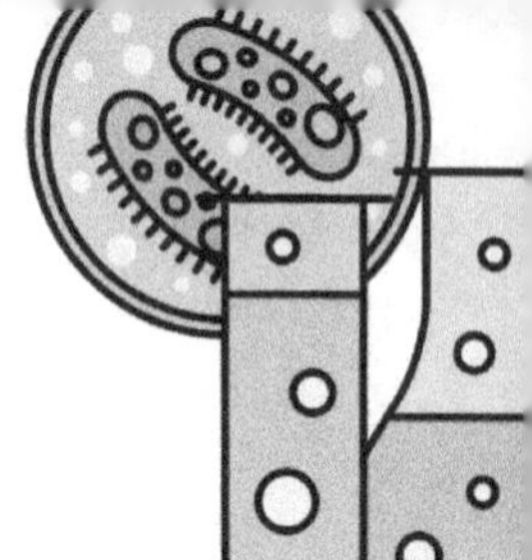

Puzzle # 28

```
L A B Z B V M J C X L L N Z V E T Z S L V V L
G R E G B D A B Y E A I I Y B B G T K F W O A
I Y A N V A G H E P N O T X Z P Z D D U X Q C
W L R I Q A N O M A O C A Y N V I O E D J C D
Y Z B N C Z E T O X L E M C S H S R T S Q V Y
L Q E O R X S H S I C R O E P H W E Q C E T K
G I T L T S I O O U O V R L I X T B L V P R X
E X R C V J U U X J N F H R R A E I I A C A E
Q Q E U F V M S E G O T C J E Z R T P Q T N O
Z X V Y E X E E K F M B T T L B A J V A Y S M
F Z Y S U O G Y Z O M O H B I D O F A T G P G
C U O B D A F C N L H G X F I P S G R R B I V
K A N I T V G W R L C W O X X J M W I I W R U
U K R G Y J K N Z I X Y O T X Z O V A U R A D
U W D B U E H C C C M R F F Y K S O N M L T F
G R I F O S M S I L A U T U M S I M T S W I Z
F V O W M N P I D E N T I C A L S W W L E O O
I A E S A R E M O S I O P O T T E P U R D N F
```

CHROMATIN	OXIDATIVE	CLONING
TOPOISOMERASE	VERTEBRAE	SPIRE
CARBON	MUTUALISM	IDENTICAL
ATRIUMS	MYOFIBRIL	HOTHOUSE
VARIANT	EXOSOME	MONOCLONAL
RECOIL	FOLLICLES	SEDGE
HOMOZYGOUS	OSMOSIS	FUNGUS
MAGNESIUM	TRANSPIRATION	APEX

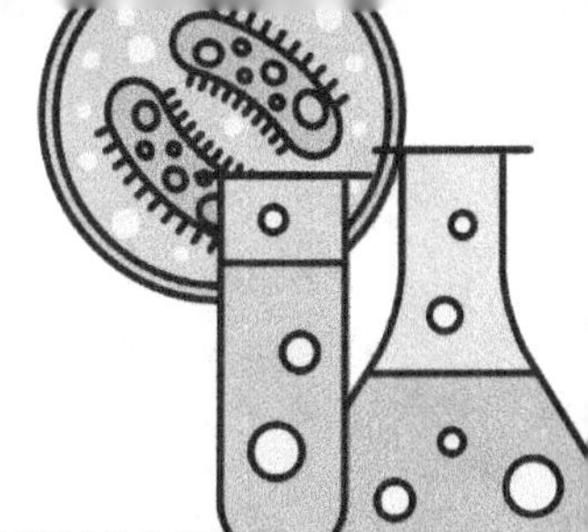

Puzzle # 29

```
V O L U N T A R Y P R O D U C T I V E S K A Y
N S M G R P Y Q Y W Y J T G Q B J J N F A D E
N M T L B I Q H V B V Q E Z I N I L A S E D I
T C P F T W G X J U D V V W N B B W J X V X J
N B Y T X N E W I S S U O E C A N O B R A C I
P C I N O C E X W H H Z T E Q Y C T A S Q W X
E Z G O O T Y M X V I N M I C R O V I L L U S
Z F S Y M I F E A E F W U H R J P B O S H T P
E C F D F I T G W L T U L C Q N F D A G X B O
A N T I G E N A R D I F O A L J Y D N A S R U
C X S W C Z O E L N N F R O M E S O P H Y L L
I M N A I I S D R U G H O V R A O E Q S Q D X
M I E S Y T E U G A G L M R N G R P N X N T J
E R R N H G I N S H L E H G C Y A C L B F U X
T Y E C W X Y O C N K M R Q Y I W N K A W D Q
S N H C Z E P N P Y E T Q H W A M K I I S K J
Y V D R I A P E S A B C R J L R T Z I C A M M
S K A S E C N A T S B U S Q A R T E R Y P N Y
```

NUCLEOPLASM	REGULATION	MICROVILLUS
ADHERENS	ARTERY	DESALINIZE
MICROFILAMENT	EFFICIENCY	SYSTEMIC
CARBONACEOUS	VOLUNTARY	SAND
MESOPHYLL	ANTIGEN	ORGANIC
BIOMINERAL	CENSUS	BUSHVELD
LAW	LAMARCKIAN	SUBSTANCES
BASEPAIR	SHIFTING	PRODUCTIVE

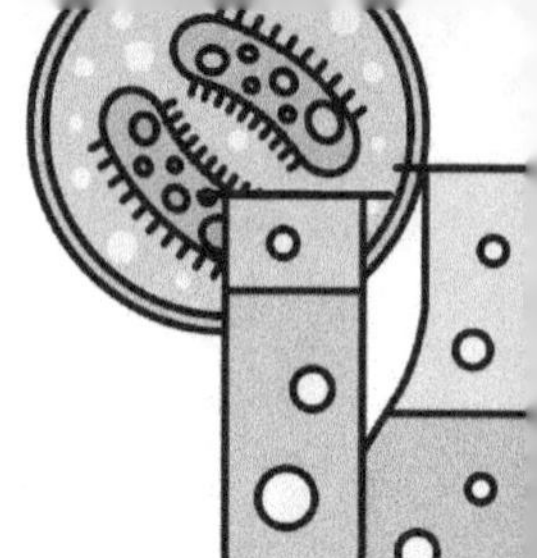

Puzzle # 30

```
Y I X S E I R A D N U O B A O L C S T F H U M
R E D H E E N Z Y M A T I C S H U A N O E P V
G H C O V E A I G L A R U E N T H S U C C O C
A S I M I C O Q O M U L L E B E R E C G W Q S
L H E O T H S O S M G A U G I N G U P Q K P E
B U R L C R F C I O F P Q B K T E T C C U H I
X L U O U O E C S L T N Y F V D C Y H T R C O
G W T G D M X I A D P Y K R C H O A K G U B V
C S L Y O A C P T S N G U M T C F W L C U R J
G W U D R T R I S L U J J Y W A R X O N C L E
V O C E P O E T I V R G B C E T I I N J E S L
X K A G E P M A P S P R N I L T E O V R V T M
W P M T R H E L E U E Z H U T A N B O E E U H
O P R R R O N Q R E B T G U F W D X Y S N D F
R U E Q L R T J D S W Q Y Y L A L S V L N Y G
Z E P Q V E Q I A X R T M B K R Y A R U E B T
Q Z L C V O N O I T A R E F I L O R P S S Z T
S F R J X G V O X S G E N E T I C I S T S I X
```

CHROMATOPHORE	STRUCTURE	GENETICIST
FUNGUS	OCCIPITAL	BOUNDARIES
COCCUS	REPRODUCTIVE	ENZYMATIC
MOLD	NEURALGIA	STUDY
ATTACH	EPISTASIS	GAUGING
EXCREMENT	PROLIFERATION	GULL
HOMOLOGY	BREEDING	EVENNESS
CEREBELLUM	PERMACULTURE	ECO-FRIENDLY

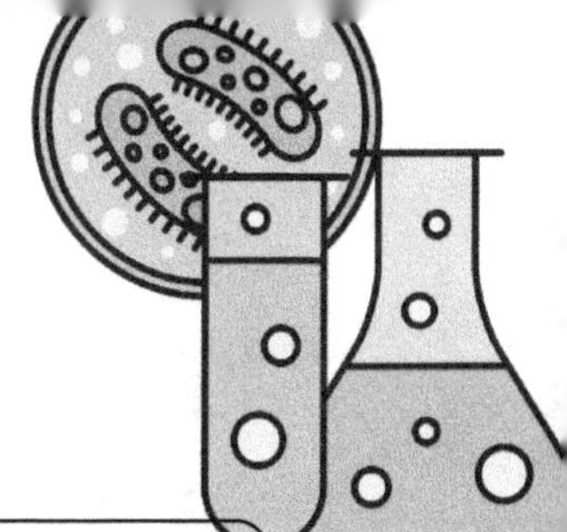

Puzzle # 31

```
P Q W H P O R T O M E H C Y T N A C I L P E R
R W R L Y Y H Q Y Z F C L A S S I F Y L V W E
J P O I N T M U T A T I O N C D Q H E M B S F
C D E O D D Z M E D Z C M L Y X G N B V S L A
O S T J S K E T A J G G L I D I N G R A U Z C
E G A I S L A P U N X E D A M N A M V E V U I
T R T H D T L W F G N I D N E C S E D I T I L
A A I L K E U W E P M S X J I O R S L E K C I
N D P P G K C U N I Q U E L O C M E R K A V T
E I I E J J E G O A E K A Y D N N N B K P Y A
G E C B X K B W Z Z N C G B I C S C I T Y L T
Y N E K S R A X J R I O Y H N P G V N V I M I
X T R O M K R F X G D Z M R E F M T V L O M O
O O P D H Q T V O I M N P W Z D D A S F K R N
B J M O N O C L O N A L K P U L M O N A R Y E
A W W E P L O F A R X Y S D U C T L E S S M U
A C N W N C D C Z V I S Y M P A T H E T I C Y
A W M Y E Z B S L A L S H D B K D L V S X G Q
```

GRADIENT	MONOCLONAL	PULMONARY
TRABECULAE	ZONE	UNIQUE
ECOLOGICAL	CHEMOTROPH	DESCENDING
GLIDING	CLASSIFY	FACILITATION
LYTIC	POINTMUTATION	IODINE
DUCTLESS	CREVASSE	MANMADE
REPLICANT	OXYGENATE	SYMPATHETIC
OMNIVORE	TERN	PRECIPITATE

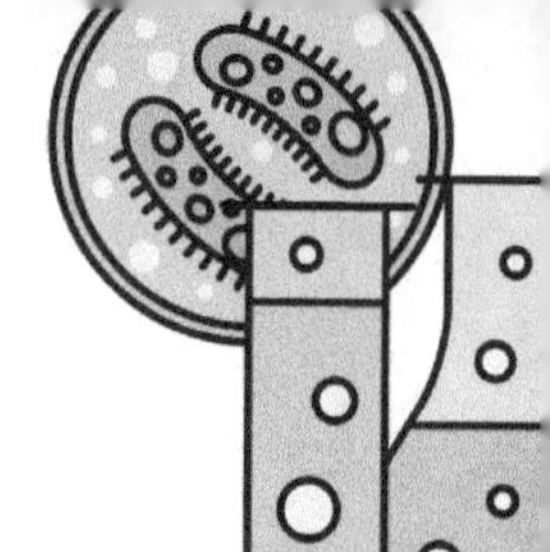

Puzzle # 32

```
I Z R P S C O O G I C B Y B N F P P E S E C N
S V I F H E L I I V O K A T J A U N D I C E O
M V B P C L A R D C P L I U T S J N I N N I I
Y E O H L L N E E S P K M Q R A U X C L E V T
C P N L I O D K X S I Y E E Z I F Q I U N H I
O I U S L F U Q A Y C Y C C N F N B B C I E B
L D C T L H B G C O E T Y Y R B N E R I T J I
O E L H P I A F H S M T L F N X O D E R N Z H
G R E T A W N I A R A V G S Z C M I H T O S N
Y M O S J G T G A P N S R A D D U C T S C P I
Q I T W L B Y L S U A I E D Q I Y I S A N J S
U S I Z N G B E M L G J P D R M Z T J G I E D
C O D I T A H Q C X E U Y M Y W E S M P V I T
N Z E I T P W H F Z A K H G D H S E U L P Z J
Q G P R I A O Q C H B X F B H I H P A Z T V X
Y Z O A T O V I I J L B M U E Z X V W Z N N G
Z S A E E X W B R B E E R B Y E N X E X Q Z I
S C R K H Z S Y M B I O S I S F O Q B M S F E
```

CELL	INHIBITION	VALVES
URINE	HERBICIDE	ALBATROSS
RIBONUCLEOTIDE	SYMBIOSIS	GASTRIC
INCONTINENCE	PESTICIDE	RAINWATER
HYPERGLYCEMIA	WATER	FATTY
ADDUCT	OAK	PLOUGH
WEB	MYCOLOGY	JAUNDICE
EPIDERMIS	COPPICE	MANAGEABLE

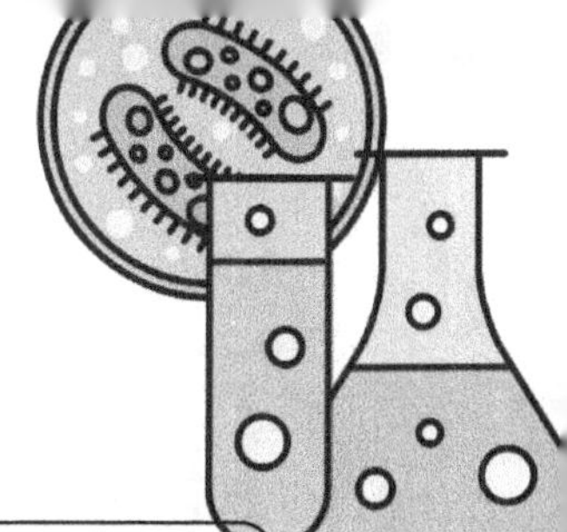

Puzzle # 33

```
I V T T U V S A C Z W U D Q H G D H G H C G A
S F L W S A Z J G O Y V A J G N E S L T C E P
E W I F Q T M H T Y H R D J Y I L L I F L D X
G H Q I X U B U S T R Y W K Y L Y E D G B N Y
A W N E X N Q N U E W H E G G P P M R A A X X
T S T R A N D E S I N P T S C A C A P E W O S
N S L E V E L U T H M A A L Y S Z C C X H R Z
A C X N M L S R A G I R R F H E T A R G I M C
V U B Q L D S O I T N G E Z B K T I N T R O N
D O F B E L B G N I E O D B A S O P H I L I C
A V L X L S T L A E R P O Y U Z O Q O D K L Q
S D G U N U U I B Z A O M R V V X G D T E A W
I W E L N X F A I Y L T C M C H A N N E L L D
D X J N T T T P L X V A I T I T N E V D A C C
V O P I S N A L I E Y F I T N E D I S G E P F
L O T S N I E R T C C C N O I T A T P A D A S
Q Q Z H T W T T Y F B A T U L P D V M K S T Q
T X F S I Q A Y B T T Z Z R E G U L A T O R Y
```

BASOPHILIC	LEVELS	NEUROGLIA
TOPOGRAPHY	SAPLING	TUFT
INTRON	RHYTHM	DISADVANTAGES
DENSITY	CRUSTACEAN	STRAND
REGULATORY	SUSTAINABILITY	ADVENTITIA
TUNNEL	CAMELS	MINERAL
ADAPTATION	CHANNEL	VOLUNTARY
IDENTIFY	MIGRATE	MODERATE

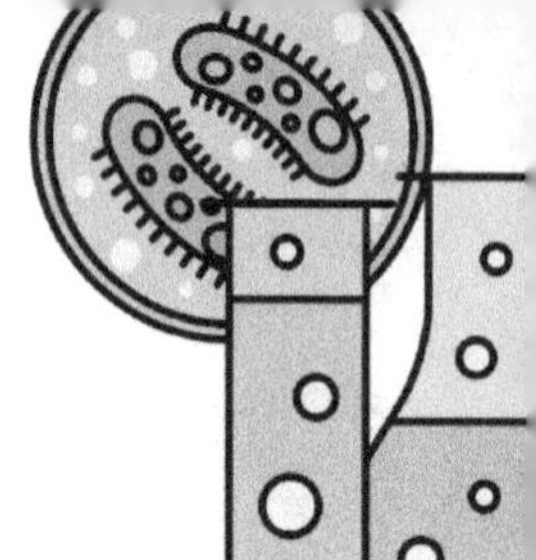

Puzzle # 34

```
C Y Y D J G S E H Y B N C I R C U L A T I O N
C O M E Q D S E P S O R S S U N S C A R R E D
R K J A B A W T T T P K G I T M O S S O L B E
I H U M C V I Q K E L G M S S L U C P R I T C
F L L I I C B N H O Q A A E B E F O Q Q H A F
W U L N H S A U E U C N R K E G N N K Z Z O M
F E L A Z L M E M R V H V E G R G E C L A M F
H M F T P H S P O Z V P K K P O G S G S W A A
H I L I Y T B B L C R C O B O L V I U A Q E D
F C Y O O A I O Y B M P M X L L I U D O T P Z
T R J N K O Z E S T C A R E T N I C T E W U F
T O E O M D R E I R E P R O D U C E A T P U M
E T E E L H F Q S S I Z O S Y A G I W T Q Q W
N U Z B U M K R F E S N O P S E R Z K I I S H
Z B X V L T D I L A M O S O M O R H C G H O J
H U J J B A T K K M U W P C O H E S I O N C N
S L Q R D R A L O E R A Y H U M M O U S E L W
W E Y K J B S H F W J J M G P R T L Z G N P M
```

MICROTUBULE	CHROMOSOMAL	HEMOLYSIS
DEAMINATION	MACROBIOME	SUNSCARRED
REPLICATION	PEDIGREE	AREOLAR
RESPONSE	STONE	MOUSE
HELICASE	FIT	PLANKTON
CONES	TWIG	INTERACT
COHESION	MUTAGENESIS	CIRCULATION
REPRODUCE	CLAM	BLOSSOM

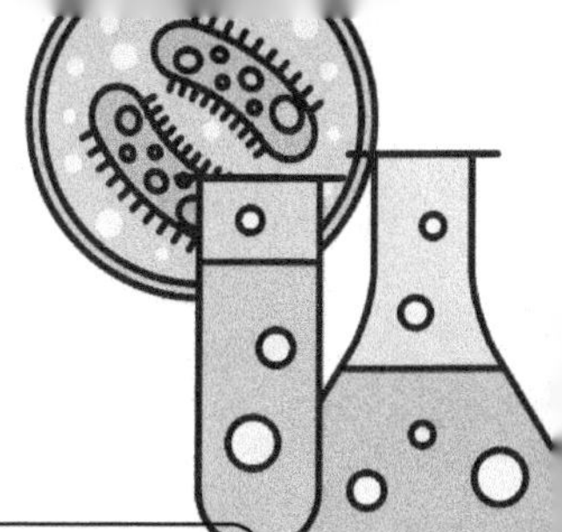

Puzzle # 35

```
E C R E G H E N O I S S I F Y R A N I B H U V
A M E U N X K M L Q R S J D L O M E M I L S S
L P T E E P Z G T F H J B L F W U P G Y E H K
U R A V R N O I T A L U P O P P F A C U X O Z
C E W L V B W P L P W D G C H E U C Q O T I A
E D N P E M W E L A X C W O O R G E T Z E S N
B A I Z U C C P L I V E R K T M E C S O N O D
A T A F D M X J D Q N Y V E O E N I I D S B E
R I R S P H P X Z U B W A L P A E D N W O B E
T O L A T I T U D E B P R T E B T B O Q R R F
B N K D W P M H R K K E I R R L I L G N L V
C I N E G O S Y L E J V C E I E C Q A Q E M S
R E T N E M U C O D G S E C O G I W T N F C A
H G U O R O B U X O L U L V D C S I N L K I M
N R M H L L D Q G F X W L Z B T T U A I S B P
S H F J P H H U M A N C A A A B T L N X K V E
D V G K Q V S O V V W A O J T C U P K V P F H
I W A I L C F S I M A V Y Y C E H L U A S J O
```

GENETICIST	VARICELLA	BINARYFISSION
REGULATE	TRABECULAE	LATITUDE
LIVER	PREDATION	SLIMEMOLD
NERVE	PHOTOPERIOD	ICECAP
POPULATION	HUMAN	SHALE
EXTENSOR	TUNNEL	BOROUGH
LYSOGENIC	PERMEABLE	PUMP
ANTAGONIST	DOCUMENTER	RAINWATER

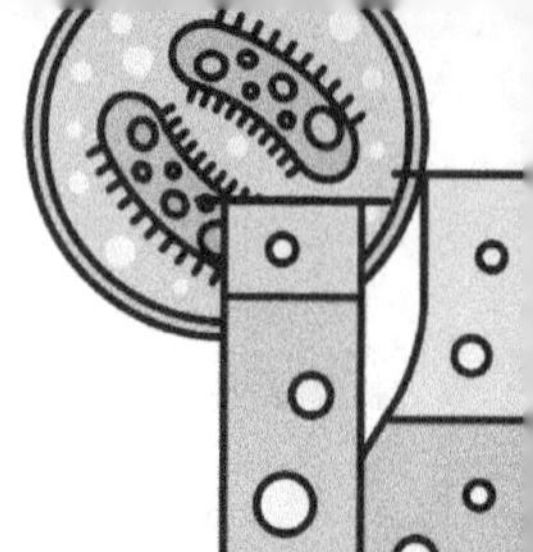

Puzzle # 36

```
B S M Y F J Y Z H S I F Y L L E J N G D T K O
S O F F E P D K H F S I S A T S O E M O H E A
K K N B F Y J Q C F H V N B C F V Q R M T F E
A E N D F P Z L T E P D N S A M H X U Y X N U
P Y G O L O I D R A C X N Q T G I W T F I S E
D Z J Z L X N P Z D V W E S T L F N P T A Y R
D A U I B R E U S E H N N I A I N L S W L K Q
L S P E N S D B X U L O C G I I M I S N P D J
R A H S V H R R F I R Q I H L O R R A J B E N
K G D I A E A C Y Y G O L O H P R O M O E G O
N Q R I P P G C D L A I C A L G X I E C Z B I
V U V A O X M H T M U C A N A B O L I S M J S
S A I K W B V A N I T N O G A C U L G J C K N
E R B D B M U L P R V P S K S E G M E N T E E
J I B G R P M C S U S E X C H R O M A T I N T
G R A L U L L E C I T L U M B A F S C R D M X
M U I D R A C O Y M F E E D B A C K T V X Z E
B W N O I T A Z I D I R B Y H Z I K G S T K Y
```

CHROMATIN	MYOCARDIUM	SEGMENT
EXTENSION	GLUCAGON	JELLYFISH
CUBOIDAL	PAMPAS	REPAIR
HYBRIDIZATION	SIGH	FEEDBACK
TWIG	HERPESVIRUS	CATTAIL
GEOMORPHOLOGY	BOND	CARDIOLOGY
HOMEOSTASIS	MULTICELLULAR	ACTIVE
PRISTINE	ANABOLISM	GLACIAL

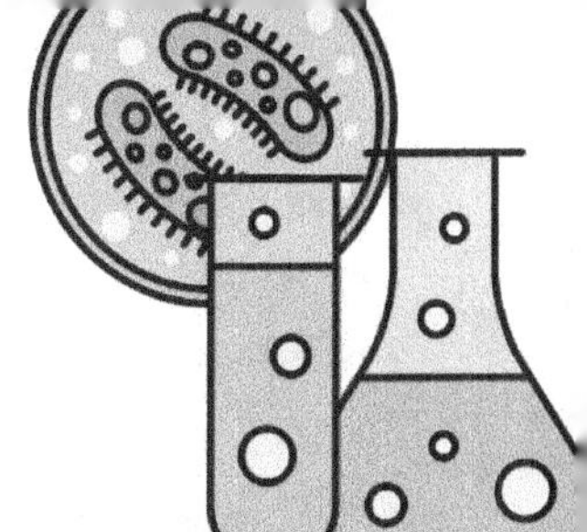

Puzzle # 37

```
G P I N Z Y G O T E D O P Q R Y U W Z T S B Q
S N O I T P E C O I R P O R P W E P Y F E P O
R C A D T E M K C Y S O R A N P D L L A H O G
M G R O U N D H O G R Q K I Z H N A D R R T P
K S Q I T Z C A U W B T S O Y M X S N O A N L
K T A H E A A B O W W O I D Q Y Y T E T C D R
P I K L D U W B I T Y M R U R G S I I C T C L
V Q S E P A F G M M S O L O C I B D R E I M D
X E S T R O G E N I S L D B R R E L F V N N F
T B T T P J T L N P A R J U I L I K O A U A F
T N U C M I W Y H F S P L U O L L C C C A J P
P I I N Q G U E C T N E I L I S E R E X T Z O
R T M R T U R I S U M Y H T U Z Q F B W O I Y
H B O S P E E D I S O I L G N A G S D J I J E
I O V U N M A B I T F V U E G C G F L S B P B
J D U L E A I M O N O N C O M P E T I T I V E
D Y K I A V R N X L T Q T X T R L O O E V X Q
F R B C N O I T A L O S I Z N H S O I L Z J W
```

CYTOPLASM	BODY	ACTIN
MYOSIN	TRANSMIT	FECUND
PLASTID	NONCOMPETITIVE	GANGLIOSIDE
PROPRIOCEPTION	HYDROSPHERE	GROUNDHOG
ISOLATION	VECTOR	IMPRINT
ESTROGEN	BIOTA	SOIL
ZYGOTE	RESILIENT	CIRCUITRY
THYMUS	FALL	ECO-FRIENDLY

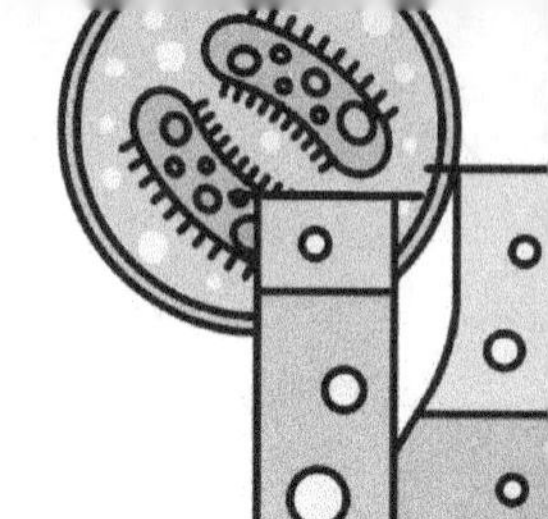

Puzzle # 38

```
R H L X X L E Z G H S U J P M O Z N Y P U F G
I O Y Y S H X W A P S E P M J T R O C P H T A
O D J E O Q V W C H A P P O Z E O I S E D Q I
K I S N Z E D H D O N G S A T T I T Z V D J T
I F L A V O R Y H T D S E S R R B A R V I T I
N C T Y C B Q S E O S J Y W L A W L I G O D T
E N T W T T J A L S T O C I A N T L I P X Y N
T O R N X H F P I Y O H K L Q S N I H N I P E
I I E U L E Y S X N N O L L X P H C O U D V V
C T S A S L R A Q T E B Y I L I S S Q N E T D
S I T B L O Z L P H E I N V T R P O B F U Y A
Q N O E C U C I I E V U O O M A R I T I M E F
T G R N A C D N M S E Q O R N T I Y Y E W O L
D O A U T A V I T I F Y D C R I T P F N U A M
Z C T Q T V P T X S B N I I Y O W D A I S Y G
H C I H A Y K Y W O D A E M E N A H N P B O Q
B C O U I N G J P C O S J A U A M A R S H Y D
F Y N S L C O R R E L A T E M O T Y C T M Z X
```

VACUOLE	PHOTOSYNTHESIS	CORRELATE
MICROVILLI	TRANSPIRATION	MARSHY
CYTOME	DIOXIDE	SANDSTONE
COGNITION	SALINITY	CATTAIL
HELIX	KINETICS	ADVENTITIA
SPINE	MEADOW	MARITIME
SEPARATION	RESTORATION	OSCILLATION
FLAVOR	OYSTER	POT

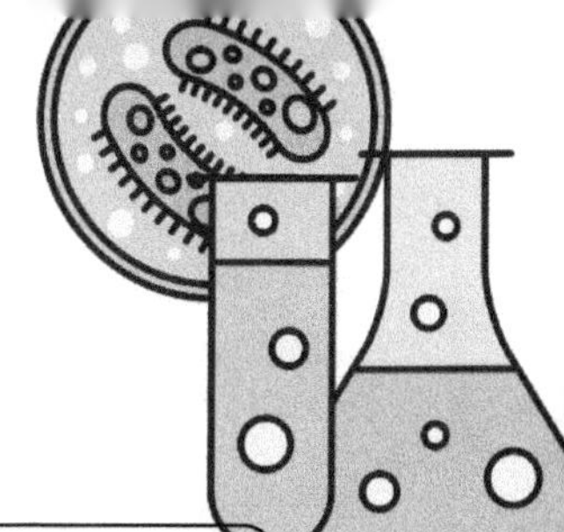

Puzzle # 39

```
K Q H H E M O S O N E G O R D Y H K V L R C O
L A R E N I M O I B J K M T W I G G D I W Q D
W R P T G E E M O I B O R C A M J B V J U H C
R D S D T F Z Z T H U M M I N G B I R D R W L
P U R J R O X B Q A I R E T C A B U E W D J A
D F U W E I B C R A L U L L E C I N U B U P M
H E I G K M G T I L A N I P S O R B E R E C E
N T A C C M W Q K E A G E R M L I N E V Z Y L
P A U U H I E T T Y E I T W A T E R F A L L L
N V X X R G G E X Y Y B T O H O K Q F J B E I
N I A M O R S A N D P I T I G N I Z A R G R P
Y T Y K M A V N O I T A C I T S A M X L I U O
G L Q V O T O X I R T A M J B N N F L Q T T D
X U Z S S E L C B O R O U G H G E S K E E L I
P C U C O E N Z Y M E S F Y R U O V M C I U A
T O S I M N O I S N E T R E P Y H F D A X C M
W K U S A H P A U N W E C N G D Q V D A I K K
T Q Y O L K E K Z D W F V X I U V C K P X X H
```

MATRIX	HYDROGENOSOME	BIOMINERAL
CEREBROSPINAL	SANDPIT	BOROUGH
CHROMOSOMAL	LAMELLIPODIA	ADVENTITIA
CULTIVATE	TWIG	HUMMINGBIRD
COENZYME	EUBACTERIA	HYPERTENSION
MACROBIOME	WATERFALL	TREK
GERMLINE	UNICELLULAR	MASTICATION
CULTURE	GRAZING	IMMIGRATE

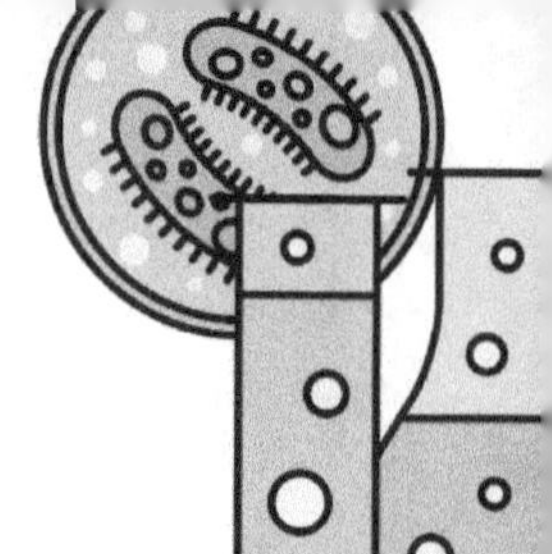

Puzzle # 40

```
S I Z V M K B D M C R M C D T S V D X L Q U J
S N O W F I E L D Z Y H Q Y J U V S T S T N M
T M X Q O X S T R U C T U R E R P E R Z Y Q U
O O I U I E A Z Y N R E H C X I T L J S F N B
V G T M K Y Z P Q E V F O H U V Q U W T E K Y
I S V T J V U E M O F F K P D X G B E W J D Y
P I R W J P I U F E S N E U J O F U J V R G D
M S O Z T J S T C R M K Y G J P U T F B O S Y
U E S X Q N R U E M E Z I D R A P O E J E R W
T N V U O Q N S O Q L G E B L E Y R F O D I G
A E L C O D O R H C L D A J G T H C X D C G O
G G Z M M P A V R I T A A Z C A G I T E E G D
E A T N H I N J N I E G E M B T Q M A D I R P
N I X A N G N I N I M A L R O S K G X W Y S O
I D G E S I S Y L O C Y L G O N E C T Q U S G
C U U P A C E C I Q L O B E V B D Z G V T X K
S U N A E C A T S U R C B H Y V R J D B K M P
F H A Q B D T V D T R S R Z L H O A Q R K R Z
```

STRUCTURE	GLYCOLYSIS	DIAGENESIS
PIVOT	TWIG	SNOWFIELD
CONSUMER	POXVIRUS	ICEAGE
SMELL	CRUSTACEAN	FECUND
ARBOREAL	MICROTUBULES	MUTAGENIC
MIXED	MORAINE	NOMAD
STATE	LAMININ	ESOPHAGUS
GROVE	ICECAP	JEOPARDIZE

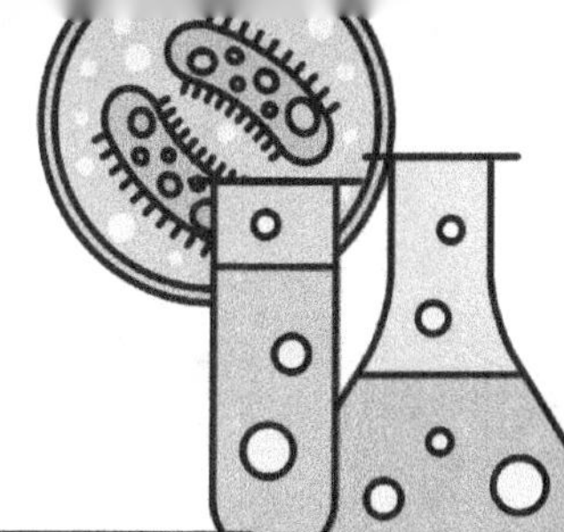

Puzzle # 41

```
S O X M U S L Y I F L U C T U A T I O N C T F
E Z Z W W E U M Y D C Y U Q C J P Y J B P K S
X B X F S M P A T H O G E N I C T D E G L V M
U A A S L T U S D C I M S A L P O D N E P M B
A S E O I S N I E Y U C E T O H N T W I T C H
L V I N X B O Q R D R I R R S H M U P Q P X M
D V U O A O I S E E T F P B U I B C R G E N Y
N S Y W D Q T N L V T S G N I H S I F R E V O
U S A W E B A G K I I C D N G Y U S L Y Q J C
R E W P N I L F I R H P A A A H H A X S T C A
H G I I I T L O C W R I R B Y R T D M E A A R
C N V S N M I D M O B P S U Y R O P C V V N D
S M K L E V C D C O L D A Z O L L D A I K N I
G L U A Q L S E Z C Z B M P L O X X P W D A U
R T U H O U O R S W C A M Y I J G E G L G V M
E M Q Z N C T T V C A N M D C O R F W A G A I
B Q R N M E R E H T A G Y K O I T N G F S S Q
F I T T E S T S E S A R E M Y L O P O V Y K U
```

ADENINE	SEXUAL	DOLLY
CAVA	SAVANNA	VIPER
POLYMERASE	PATHOGENIC	BACTERIUM
OSCILLATION	FLUCTUATION	BERGSCHRUND
PLOIDY	CRISPR	MYOCARDIUM
PORTAL	GATHER	COLD
FITTEST	ENDOPLASMIC	VESSEL
TWITCH	OVERFISHING	FODDER

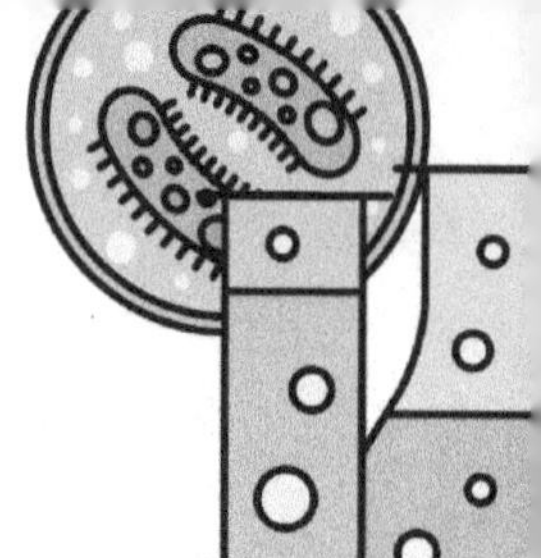

Puzzle # 42

```
K A Y F N H G T O V P J Z X U P Y E N V D O S
L A H G W V U E S A L Y M A V E T O Y O C I J
Z J Y I Q L Y Q S I Y W E U U X T Y E W L F V
W D P W R C G G Z A R J S N L K K C O I E L Q
T K N T R E Z I L I B A T S N Y N E C X S O Q
G Y C Y T Q C J Z C R A P A Z E Y A F O O B K
S V J U M E S O P H Y L L F D A Z Q A X P L Z
D F I T R K C I N U T P F N M P H Y S Y H I C
S E W R G B Z L D S O H E M I P N X A G A G I
J D E O M E L E T T C P V L L E H S M E G A K
I B Z R O W Q E Y A E R Q F G N J K P N U T P
B A W X B C H H D D Z K E O H D R L L A S O B
T R R S S R P P R A C U L E H I G L I T B R S
M R S K X D E E J I I Y K N C C C A N I X Y D
I I G M F L T T E E H R T M D U J M G O O E H
W E E B Y N V Y N P D I U W P L E S N N N F E
P R C W I D Y Q U I J L C L X A I C B S I G J
J V R E P R O D U C T I O N P R G F E H M R E
```

MESOPHYLL	DENSE	INTERBREED
TUNIC	STABILIZER	PHYTOPLANKTON
PHYLOGENY	REPRODUCTION	OXYGENATION
ESOPHAGUS	APPENDICULAR	COYOTE
ARC	INTERDEPENDENCE	SILICA
AMYLASE	SAMPLING	SCREE
BARRIER	OBLIGATORY	LURIA-DELBRUCK
SMALL	TWIG	SHELL

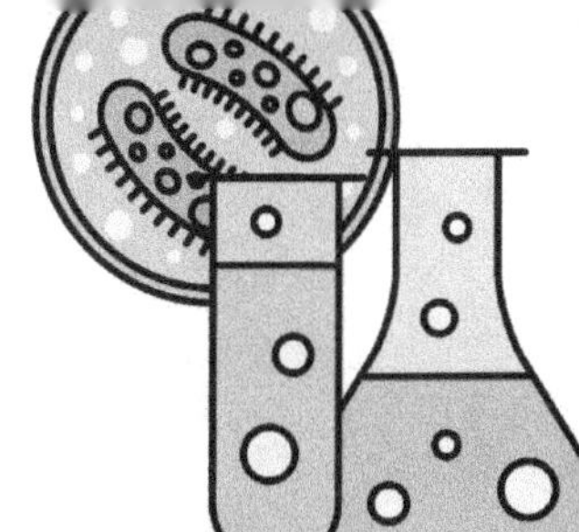

Puzzle # 43

```
Z O L M U M P S R I S G L A E V I T I M I R P
P N O I T I B I H N I O T O H P T Q P Z K Y N
M R E S P I R A T I O N T Y O A N K N V C A P
G V T U R N O V E R S Q X J V C O E K M U Q F
Y N F U U F P A L I S A D E B B R R L S R J Y
W O U B U M J L E I E W O V K N F A Z Q D L F
V I N H T G N E R T S S E N P H A T I N T I Y
D T C V A M M E L A M S A L P L E I U N Q S H
Y A T W W W O P D X L T Y E H M S N A U R S D
J C I H F L Y A B G A W S M L W J I O T G O E
N I O F P S N R O G V G T E W C R O Q D B F G
Z F N I J F F A R C I N H Q R A U K P W Q O A
A I V K L L A S O N L H I V V O W N J G J R E
P R Y N L G V I U Q A B C K Y Y F N O G R C C
G U A C W Y J T G Z S S K S V V L N O X D I I
W P F D Y D W E H P E A E F D U F O I P E M W
M X C I H P O R T O R E T E H E J G G A S A L
W K X G R N O I T P M U S N O C P V G M R F E
```

PHOTOINHIBITION	TURNOVER	PLASMALEMMA
ICEAGE	STRENGTH	SEAFRONT
PALISADE	RESPIRATION	EXONUCLEASE
FUNCTION	KERATIN	BOROUGH
VARIANT	MUMPS	PRIMITIVE
SALIVA	THICKET	CONSUMPTION
RAINFOREST	PARASITE	MICROFOSSIL
PURIFICATION	HETEROTROPHIC	COOL

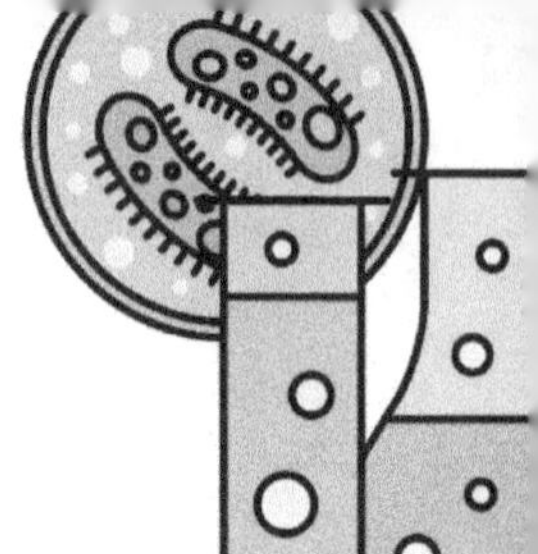

Puzzle # 44

```
V Z J K B C A X T E D K C V J X G F W P N D N
S H E L L F I S H G M S X I P O L L I N A T E
P H N T G I K S E A S O N A L I T Y S B M O X
U H H E I F V O G C H T R E V I R Z D U L I E
S T O B W Q Q S R R R M C X I E E S O H L B R
Q W K B T R T T W J M E X R J R L W I G N A O
M O X M A X S E M C S T T J A L B W R Z A L P
N R M S A L P O T Y C N V I N Q A J E X C C H
R G L S T R U C T U R E J O O C E D P Y G O Y
M R Z U T V G Y P L K R T S K N M S E H J N T
E E Y M N J W T X P Y K E X P I R A T O R Y E
C D R U E W D E B P N N E O U V E P N Q I E L
H N L H L T O T V A L O O I V D P C M B O E O
A U H O I L M F L G D I P I L O H P S O H P M
N K V U S Q L P W P W T D W C V C X E V C C E
I E M E T S N I A R B C J J A A E N R O C A R
S Y D C A Q N A B D C A Y B X U D K P Y L S E
M G A Q Z R Z L L J J I W X J V V N I W Z J C U
```

CYTOPLASM	STRUCTURE	OSTEOCYTE
EXPIRATORY	SEASONALITY	XEROPHYTE
PHOSPHOLIPID	MECHANISM	PLANKTON
ACTION	TWIG	SHELLFISH
SECRETION	SILENT	PERIODS
CORNEA	UNDERGROWTH	BALCONY
TELOMERE	PERMEABLE	BRAINSTEM
POLLINATE	RIVER	HUMUS

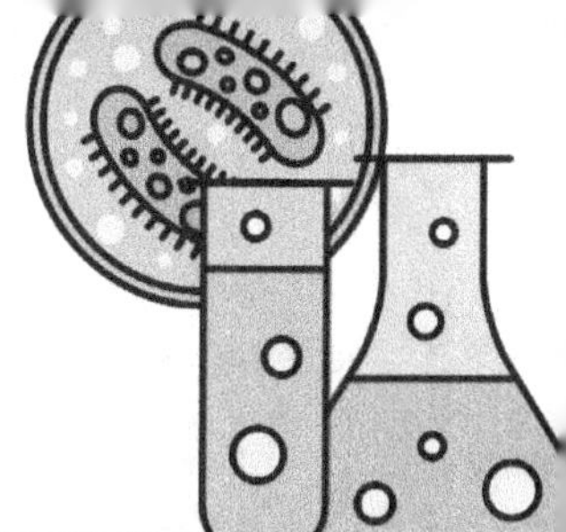

Puzzle # 45

```
Y T E W H Y B Z R P K X I S U X N D I R B O S
V G A R C L C Y P H O L O C E N E B T U G K S
Z C P L O B C W U U S K M E R X S L Z B R A X
A F N I M M H N C C M D F K E C U K Q O D W L
E V S S M U J V Q I N Z R A C A D A W L S B
P M B C O R A P V F R U B T I A K T L Q A Y P
N H E C N C O R D O V I C I A N E B W Z R S D
I Q R R C K W Z I P L B Z R B N P C C U E T U
Q T K A G Q A U V G Y G O L O C Y M S Y M E L
K A Z G V E X G L I Y F Z G I E F Q G A E M S
P Z S E L E N I U M L K F H G L A U N N A I B
F F D S P H E C E B X L F L C U S V E J R D P
V K A I T I T N E V D A U L Y N E G O L Y H P
V A U T L N D Y B E S S B S P A U O V Q A U F
L Z E H Y D R O S P H E R E Y R O S S E C C A
E I X L N Q T B R L U U H S V G N Q B C V A S
J R F J X V I N T E G R A T E V P A S S A G E
M O A F A V V Q L Q S I H D B H G V M W Z D K
```

ACCESSORY	SYSTEM	MYCOLOGY
TAKE	HYDROSPHERE	CRUMBLY
PHYLOGENY	KREBS	HOLOCENE
GUT	BIANNUAL	NETWORK
COMMON	GRANULE	ORDOVICIAN
SELENIUM	LYNX	PASSAGE
SEXUAL	VILLUS	ADVENTITIA
INTEGRATE	EMERALD	EMERGENCE

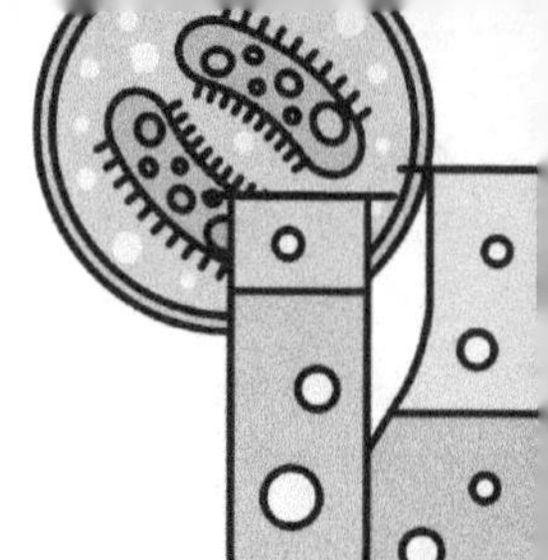

Puzzle # 46

```
T D P Y M U Q R B U X O C L P U L W F U E B A
H O T H O U S E T U O G U D J T N X R N G E C
L K W Z V J E E L U C E L O M O R C A M A C G
K C O M M A H C O N V E R G E N C E C A I N K
X O J W U T S O R F A M R E P Y E Q N N L E K
O K N O I T U L O V E O R C I M N Y V A O L Q
B C B Z U B J K J B B U R F G F I V B G F U C
F E X E N J O N L J H B S F E D N J S E G R O
U G J V Z B I V W A S I W O X E A O S A L I O
R I J A R U D R M L N L U H C R U D X B R V L
N O I T C N I T X E B G K L R X G J W L A X C
I U E B P I M U R T N A I S E Y E S J E H N V
A S N P L Q Q S I N P N N S M H S I R U O L F
E P A K A U E N U C U B V H E L X I J P U N G
B Y T J S E H I S T O N E P N C R J U V F B I
K J N P T D E Q N L K P O G T R O O U H G C O
A J O M I O V Z T F I H S E M A R F I M D Z H
P A M N D W C I F E Y G B W L J H E A L T H D
```

PLASTID	MICROEVOLUTION	MONTANE
MACROMOLECULE	DUGOUT	HAMMOCK
HISTONE	CONVERGENCE	PERMAFROST
HEALTH	FLOURISH	HOTHOUSE
GUANINE	EXTINCTION	VIRULENCE
EXCREMENT	GECKO	UNIQUE
UNMANAGEABLE	SIGNAL	FRAMESHIFT
ANTRUM	FOLIAGE	COOL

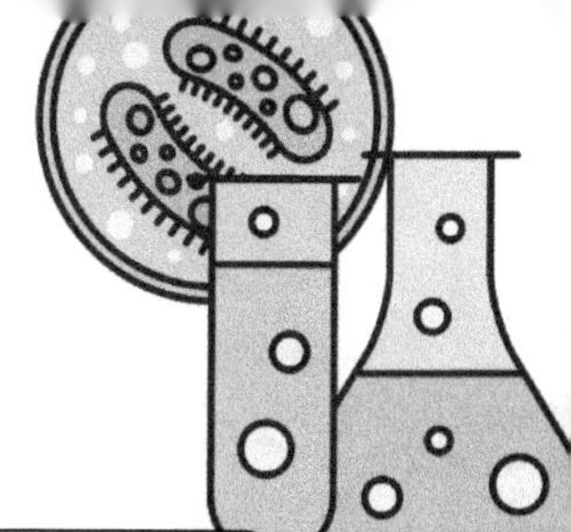

Puzzle # 47

```
E M O R D N Y S A P O P L A S T Y O D N O N P
D M H F B W E A C I F I B H L I Z F E O R L M
B B D F H N Z M I E A F R B T J P L A I S L N
F V F I C H W Z N Z Q F T L D J X T T T W R C
L P A L I S A D E I N Y A F I O P W V I Q E O
S S A C Z Q N S G T E T Y W G E F C N B C F B
X V V M U H X R O A M I M Z E L I W G I J L G
E U M O T O R B H M E L L E N A G R O H N A S
M L M R W F U A T I R A L X G K D M C N D N A
O Y A P V M W R A L G N A G Z M U C J I B P L
I W T H Y U S H P C E O L O E P G L Z O P M I
B W G O O I E T T C N S Y Y F T O T K T L K V
Y J M L U N R M A A C A U A Y V U T K O O E A
H D B O O O A Y X N E E B G W L T K V H U S T
G S D G E M C I W M I S O J B R L B K P D K E
F U T Y L M R J N A I R U L I S I O M I T E S
L Q X R U A W W J E O O S C F I Q A D Q K O B
W T U Z M O T D V L Q J T S I G R E N Y S C I
```

ORGANELLE	MORPHOLOGY	DOLLY
AIRWAY	SYNERGIST	SEASONALITY
ATP	BIOME	ACCLIMATIZE
SALIVATE	MITES	CLIFF
PHOTOINHIBITION	PATHOGENIC	APOPLAST
AMMONIUM	DUGOUT	SERAC
PALISADE	SYNDROME	SILURIAN
MOTOR	ENCLAVE	EMERGENCE

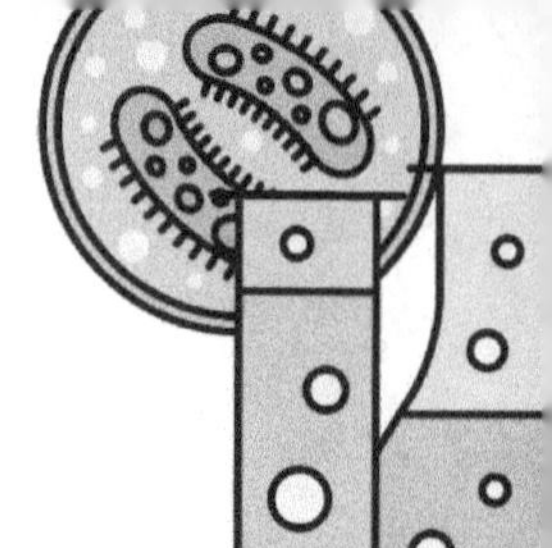

Puzzle # 48

```
L U R I A D E L B R U C K N V C V E N O U S F
N L L I Z A R D S N A Y O S T N E M A G I L Q
Y A K V N J I Y C O T I D L I X P M R V X F G
C I T N S X F P T I T J U F C T T E N N U P L
D D A W O L Y J N A Z D M H C G V A H I H M N
V R R E G H H I C H A X E X K R X C Y C L E H
T O M O O W L I D A M M I C I T C R A B U S E
O M O H W A F L C Z O H S G K P T C P O O L X
F I S Z S I D V O T R O O R B E J R G E E W H
V R P D R I H W R J W I S O E N Z Y M E A F I
P P H T E D H O H O Q Q I R P S I R C S X A E
X R E P A Q P V G S H B O C C T U P T T Q J P
G P R P G H B J K J U P S B A Y G E E C Y L T
H G E O P N A O Q S T R A T I G R A P H I C B
F N Y T I S R E V I D O I B A Z A L P Z W Z Y
H T P Q P F P G A R A B L U E P R I N T G D H
X Z W E A J D A Q C A F H E R P E S V I R U S
N T I E H Q V B Z H Z E R U T L U C Y L O P K
```

BLUEPRINT	HABITAT	CRISPR
ARMOSPHERE	VENOUS	LIZARDS
CYCLE	BIODIVERSITY	ADULT
PETRIFICATION	WASTE	PLAZA
POOL	ISOENZYME	CHEMOTROPH
STRATIGRAPHIC	LIGAMENTS	POLYCULTURE
PUNNETT	HERPESVIRUS	PRIMORDIAL
LURIA-DELBRUCK	SALINITY	SUBARCTIC

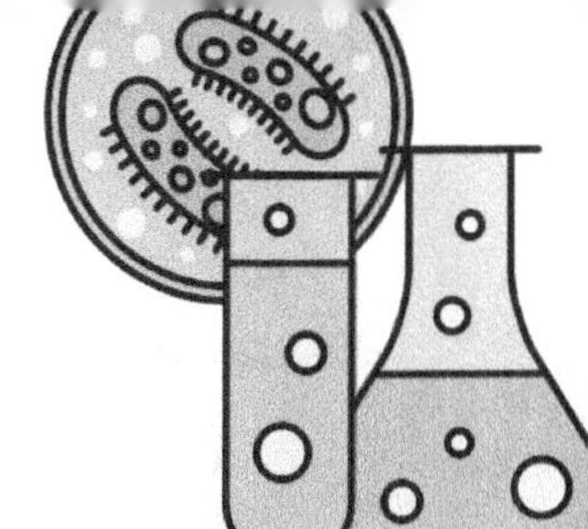

Puzzle # 49

```
R E Z I L I B A T S N H V N R A N Y M U K J D
G Q N M U T U A V W Q V G C M R N K B L L G B
T A E F D D I C A O N I M A I E O C I N L O N
I M R D N N R P L C K F Y Q V A I A I Z K E E
S H B W T O B L Y S T Y I P H C T A Q R U B G
M J Y R T I L W O Y Y P B B D T A D E F E F O
U Z P F K T S C O L G I F T A I N T L H N X R
W V J O D R K A O I P S M C M O R Z T S A W D
M E X U A E J N V Q T T C V H N E L T H R K Y
E K J Y T S Y U S M A I R P C D B R A E B M H
T Z I O W N P A H M Q L J F U T I K C D M C W
A J O C A I E F B O Y E T E J R H T A D E R Y
B N D E P V R I C H L O R O P H Y L L I M E X
O A I V B W N N U U B E P F N V C X R N K V A
L T N O T I S U B M E R G E D L A K E G G I J
I I E M Y N M R E Q Y B C Y O B E R O T D C D
C V R E T E R U O P E D Y X B N E U C P P E P
R E J O Z H C T H R O M B O S I S W O Q D L W
```

MEMBRANE	METABOLIC	THROMBOSIS
SOCKET	LAKE	CATTLE
HYDROGEN	INSERTION	IODINE
HIBERNATION	CREVICE	XERIC
CHLOROPHYLL	FAUNA	URETER
AUTUMN	NATIVE	PISTIL
REACTION	AMINOACID	STABILIZER
SHEDDING	CATTAIL	SUBMERGED

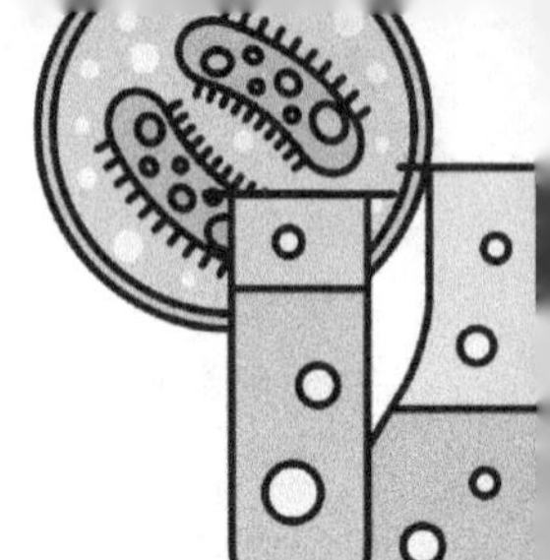

Puzzle # 50

```
O W N T M V P E S H U H U M A C U L A P N P O
Q R L E Y M J Z Y J U C O L A H Z Y B L O S S
B J E Z L H H B I N N O V A T I O N Z A I U K
X X B U J T R M E D M E Y N C O M C S Q T O Q
Y J O X S I W P L E U R A I G C O O F U P M L
S A W R D N Z C M N T I H F S O C E W E E A L
C A S P A S E W U T O P V R H U L N J X C U K
M E G B V R V C O A O M C Q N I E Z L N R Q M
E A N Z I T L R A R V C V K P C J Y J A E S N
N K I T K E F B T M T C R I N M X M K S P O Y
I Q Z J U E O O I Q T V D E J I A E N I I R I
R L A S Q G T K R O J Q U L V I V I D T G B X
C D R U I U B A P P T Q B S J A G M E L E B P
O A G B A Z B N C E E I C U W I S R M R V N U
X M S I O A H R T S T P C W R R C S O Z Z S B
E G I T H U Y E W N H I B O K E H V E C D Y D
H I T R F C V R I O J U B M S E O Y R O M E M
F X E M B A J P G B W A O S S I F S B A T Y D
```

NUCLEUS	HYBRID	SQUAMOUS
PERCEPTION	MACULA	CREVASSE
SECRETION	SITE	CASPASE
PLEURA	LIPID	GRAZING
PLAQUE	COENZYME	ORIGINS
MEMORY	AUTOTROPHIC	BITE
SEQUENCE	BIOTIC	PRE-RNA
EXOCRINE	TWIG	INNOVATION

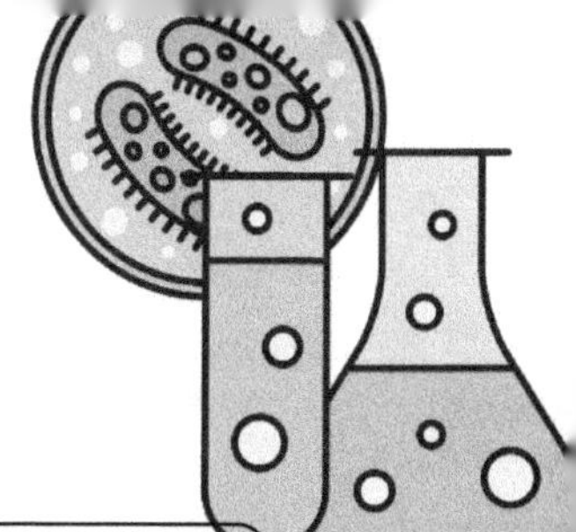

Puzzle # 51

```
R T J G I T Q F S J M H U Y C D Y F U T C C C
S Q Y X W D M M U T A G E N I C J B N A U X L
O F D R E L A X A T I O N E T G S W D R R C K
X J O C O C Y V Y F B O Q Y X Q Q J W U I B F
E A I L T U N B Q P T L N A D C F Y L Q N F A
Z O R T O K O N C I Y I V X P I R K K Y E U Y
I Q E Q Q D C H M Z F O D D E R O E J J K E V
S Q P F A K L I I B N U E E R C S L T M Y I L
E W T V R D A B R E T A W H S E R F P I G N D
H M U C E C B C L Z U Z P X G H G P A Y O E S
T E C O X Y G E N R P X F B C X R H D R L N E
O S E L C I R T N E V I F G O Q O H U G O O H
P H C K R L A U L C T Y U I Q R U E H T I B P
Y D N O P S E R F U Y A A F E I N V P R D K Q
H R R H A Y S I S E H T N Y S A D H U W R K B
R A E X K P A D J J W R X N N L H K N H A G G
C E N T R A L C O M P E T I T I O N X G C V V
I K V K C Q A L H A I R F F B A G B X O L A B
```

OXYGEN	SYNTHESIS	CARDIOLOGY
URINE	RESPOND	HAY
PERIOD	HYPOTHESIZE	VENTRICLES
CENTRAL	LAIR	FODDER
COMPETITION	MUTAGENIC	EXCRETION
RELAXATION	FRESHWATER	GROUNDHOG
NEURON	POLYPLOIDY	CECUM
HAIR	SCREE	BALCONY

  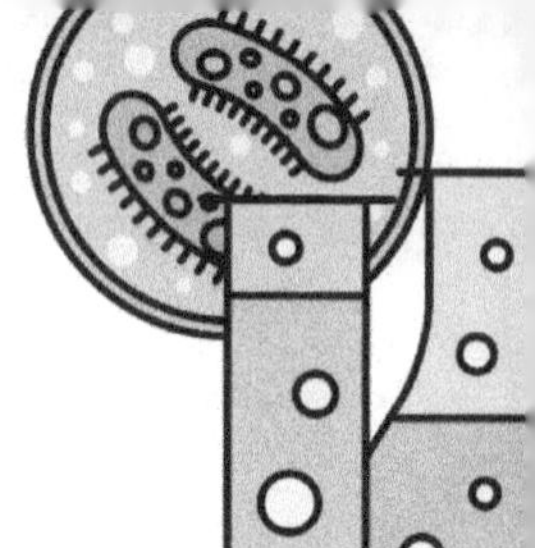

Puzzle # 52

```
V M T Z M D D G T M Q E E L F J O Z U P A S I
K M S L N J Q T V G V L J B I X R H V X O U B
A C A R B O N O I T A R T N E C N O C Q V R O
J O Q E S T R O G E N G N I K K E R T E K A F
C D J N L A E R O B U R I Q X D S V M X J E F
A V I F C C V I E V U P N K R V R E R E G G S
F E B A Y V U E I F S V S D A R R Y D T D N H
E L A W S O I B L V Z D U R Q G Z I J O D I O
H I D E A W A Y M D O C L W E H T J L T D H R
D W Y G W N R C P R P Q A N K P Y P C R E G E
P H O T O C E L L B Y Q T H E Z H E R X H D S
N O I T A X A L E R T P I P T I Y A T W Y E R
A D S S W I I B C Y K T N T N P N I M K L P F
C I M A L A H T O P Y H G K L D N W D C R H Y
L A M E L L I P O D I A T A U C B R I A P E R
I Q Q T R S Y Z Z O F P N H T F X S G H O J F
D I I U L V V W L L U T D O H S S L H Q B A O
F R A M E S H I F T S M L B A O V V Q G L Z J
```

PHOTOCELL	BOREAL	PLANTS
HINGE	TREKKING	EMERGENT
CARBON	FRAMESHIFT	PEPTIDE
ESTROGEN	BAY	VELD
EXTINCT	LAMELLIPODIA	REPAIR
OSSICLES	DOLPHIN	BIOSWALE
HYPOTHALAMIC	CONCENTRATION	RELAXATION
HIDEAWAY	INSULATING	OFFSHORE

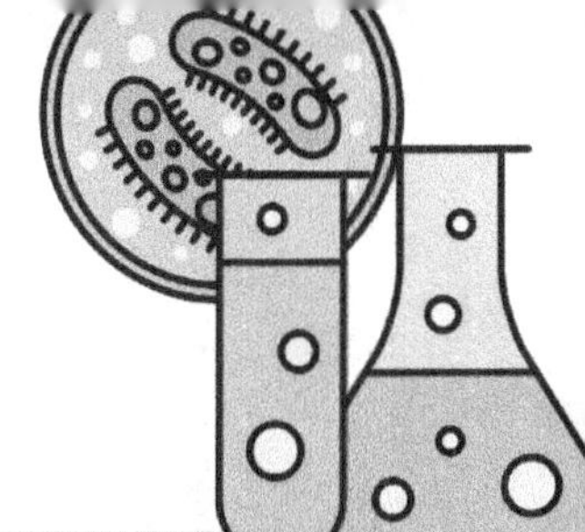

Puzzle # 53

```
H Z R I P B D Y C G Q I C R H U C B G T T P X
T P X K O K I B I F V P N E I N A D I W D B N
O J M O E G C T M M S G I S G U L R Y B R Q U
O D M N L G H K E I C I Z C D I G A U R D Y Y
M Z T J C J L R D I A B E J I Y S B R R C R X
S F I E L D G Z N J V P P G S B Y C G O W D U
S P O I V Y I H E O E T K S P V M F K C C Y L
G Q A R X K E O J K N M E I A A P D O N N J E
E X P R E S S I O N G P U R C Q L G T T J I C
V G G O K F E D Q Z E E F D N D A V E K T L O
N W N Y N H E H R A R M N E C V S A X H H O T
P X I A Z E H M O U N D F O K I T D J K K N O
L J L N O I T C U D S N A R T W H U F X K V N
N C C G G N I D I O V S E S Z S U P G Z I V E
V C Y A N O B A C T E R I U M G Y O O A N T M
J O C T D N O I T I D E P X E D U E X R S G M
A U E Z F S J Y R O M E M W T B U T K G T P A
P F R S I S E N E G A T U M P E B O P H W W D
```

SMOOTH	SCAVENGER	MUTAGENESIS
EXPRESSION	EXPEDITION	CYANOBACTERIUM
TROPHIC	CORAL	ZINC
ENDEMIC	GRIT	MEMORY
KEYSTONE	CAPSID	MOUND
SYMPLAST	TRANSDUCTION	FIELD
GASP	ECOTONE	TERN
VOIDING	RECYCLING	BITE

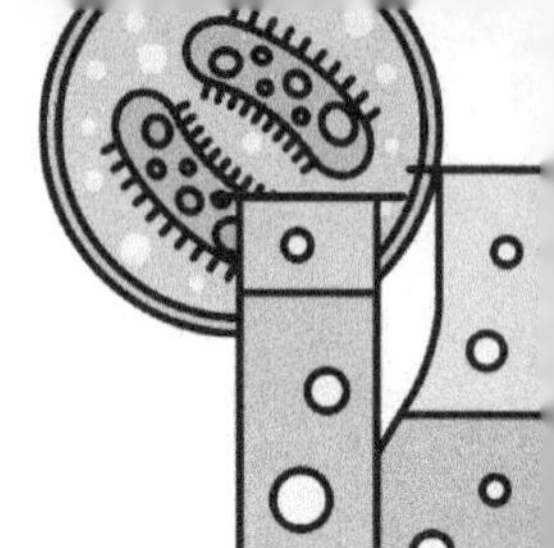

Puzzle # 54

```
M P H U K W G E N X E R O V I T I R T E D T S
L G J Z V B T I L C S Y J Q A U C X C O C H N
D Q Z A Y C L N X U H D N K B T N N D L C E O
S Q L U P C F A A L B C E O O C C T E S A R I
U N O K Y F I S P Y K U I P H L Y T E F S M P
L S R C W E D L I M R F T W O D Y E R I E O R
F H T T J B D E P O I N T O X L M K B Z V P O
U L N N D E P A Z V L U X E R F A M E H A H C
R T O A T C X G G J X J G Z V C N R V E W I S
C S C D W G P P K C A N A L S B I Y I Y H L A
U A E R A L U C I S E V E T V T B M T Z F E U
Z C W E A G P Z W R Y N O B T L I B P W E X Z
E E E V M L D G N A A T H C B Q B P A E T E B
O R I C G A G P A C E T A S T R A L C S G M N
J O X O O D M C E N T R O M E R E C I A V W P
X F S R S E I Z W R U X X R N L P R H G N N U
S X L A P W Q L E V Z S U E Y A G P A K W A C
K O Y R E S T O R A T I O N O P W L Y X F O V
```

MICROTUBULE	CYCLIN	POINT
PACE	MILDEW	VERDANT
VESICULAR	ASTRAL	DEPOLARIZE
EXPIRATORY	GLADE	DETRITIVORE
CENTROMERE	CONTROL	THERMOPHILE
CANALS	CLAM	FORECAST
PHAGE	RESTORATION	SULFUR
WAVES	SCORPIONS	CAPTIVEBREED

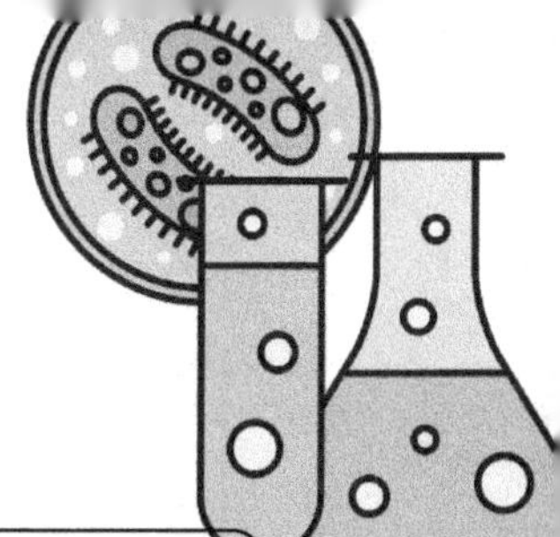

Puzzle # 55

```
B E R L S B V R N R W U E D L A E S J L I Q W
R N S H J Y N A R T I F I C I A L L A A F N H
Q K X T F T Z J V I J H A I L C O S S D J E U
M N Z Q L S G I X H I W U L H X R G B V L T N
A K G K O O H K J C M B I N I N R A E A D E D
O Q K C O R O N F W A P O M T H N P B I S R E
K C B Y D F B H E X A N H N A I M T C D U C R
B D X D P X V G D P E H R M D R N E N O R X S
H G E J L Y W E N O T S E M I L S G S P I E T
Z A N T A G O N I S T G B O G F M H A I V H O
Q H E R I A S U P I N A T I O N M N S L O J R
I T D M N G L F U J L X U X R J D X H L R N Y
W J B X W S E G N I N E M O Q E N P O E T U W
C H O N D R O C Y T E O A M M V E E R M E A Y
X L G M Q G U L R D J K O I P G R J E A R R V
A R T E R I A L Q K L M C E M W R L O L R U X
Q S U Y T Y M I N E R A L S R A A F C H M F L
H E F T S O R F A M R E P G H R B V Z O Q M L
```

RETROVIRUS	UNDERSTORY	MINERALS
MENINGES	MARSH	FLOODPLAIN
BOND	PANDEMIC	LIMESTONE
ANTAGONIST	CRAB	HUNTING
ARTIFICIAL	LAMELLIPODIA	ARTERIAL
SUPINATION	BARREN	SHORE
PERMAFROST	CHONDROCYTE	EXCRETE
PAPILLAE	SEAL	FROSTY

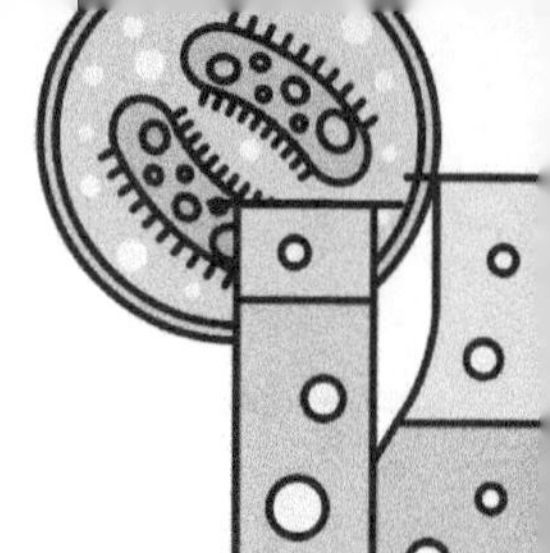

Puzzle # 56

```
G U P E S C R T N Q Q P W I R P R P N C Z H T
F S D E L E T I O N G H J M C E C Q S E E M I
N O I T A T I L I C A F O R X P K E I B K E V
L E X Q O P K Z E Z D B M J A T N S S M D N O
E N I N A U G T X Y I K A T O I R O O W S P C
M I M D N R Y U G L O C C X E D W L M V N E R
R C O E Q H X K I C Y G U D Q O Z U S F O D E
O C D I P M C T A L G T L B E G B L O M R I T
T A W I H F Y X V Y P I A D H L S L X A H G A
O V P T E H M J M T Q I N V D Y I E E O P R C
M E M E M T S L B M X U C T K C C C E A E E E
C W B L Y L P F B R O X K I T A V O C U N E O
A L V U Z G I I O M T T D R E N E W A B L E U
K W D V N K N E Y P O X V I R U S P Q D M H S
P S F O E C D T L K D D A Q N K D C I O W V M
I D X N O I L T N A M U L T I C E L L U L A R
A J Y H C S E M T C A P S U L E C R B U F I G
T M W D Q P S U M M E R D T J S G C Q A U I A
```

SPINDLE	VACCINE	PEPTIDOGLYCAN
NEPHRONS	MULTICELLULAR	EPIPHYTE
GUANINE	POXVIRUS	CELLULOSE
MOTOR	MOUND	FACILITATION
PEDIGREE	DELETION	CAPSULE
MOBILITY	SUMMER	OVULE
COENZYME	EXOSMOSIS	CRETACEOUS
MACULA	ANTLION	RENEWABLE

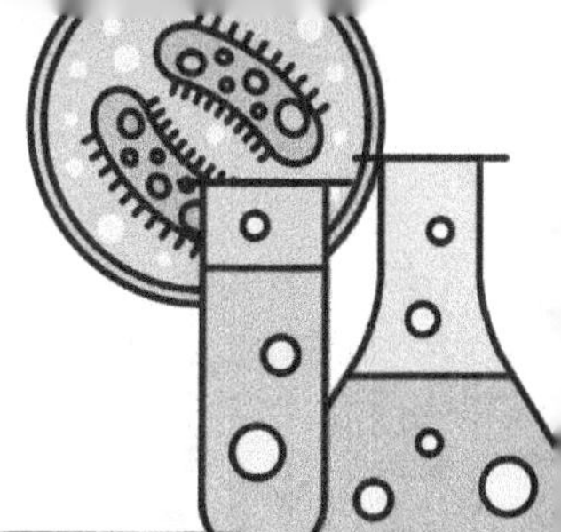

Puzzle # 57

```
Y L G U E T V W E S Q K X Z L P Y T C E V J Y
I R N O U H Z F A A Q W S I J B V T O C O A Q
S L I Z E F N O I T A R O T S E R U X D I L I
T N T F K J R S E T E B A I D H X Z W T Q T F
R D N C U S P P K Y T R F F A S Y N A P S E S
A V U T F X S Y J P A M L C B S H I N I X Z N
N H H K O V P F A R G W A O P I E M G Q E N I
S J I P M A W S O W D D H N G K R R E T P O E
D O J D K Q O L L V Y M E T S G E Q Z E E J T
U Q U O E T F Q O N W L Z I A N E P S P R D O
C E U D F A V Q A C H F F V Y P Q D L E C D R
T N X D S H W X N I N F T S N S V Y T N E E P
I B R E U K C A B R W V R R B M V A J E P B K
O Z Y H R M M B Y E U O B U B M N V Q C T H G
N I L Y P C P U T X O P I W A O G L S E I A S
C T X R A D I E F U R R O W R G C J H Z O J A
A P T A R I D S R F N X G P T A S T E M N Q G
L A T I T U D E E J O S T E O C Y T E S E F T
```

FURROW	PATHWAY	FLORA
EXERCISE	LATITUDE	WATERLOGGED
SYNAPSE	RESTORATION	PERCEPTION
SYNERGIST	SWAMP	XERIC
TRANSDUCTION	DUMPER	TASTE
PRONATE	ARID	HUNTING
DIABETES	OSTEOCYTE	PROTEINS
HIDEAWAY	FLOE	FLYWAY

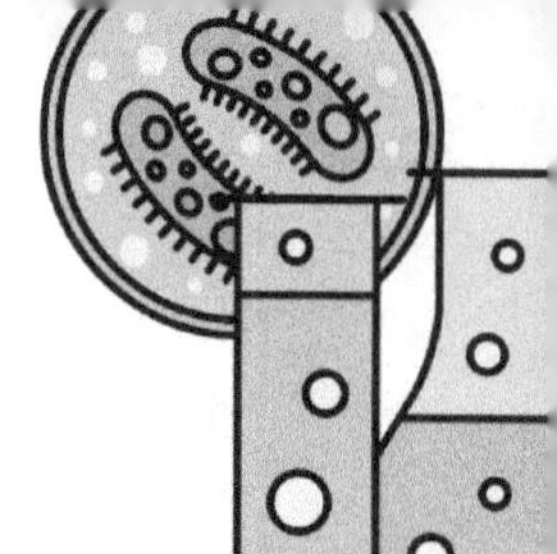

Puzzle # 58

```
I P B M U I D R A C O Y M X M D O I J P H I R
M D L L T O F I V L C G N I T A U T C U L F N
F N F G U R F L M O R E Z I L I B A T S Y V V
Y A M U S T A G C X W M L G J P F P O Z E V T
U L N W U J Y N I V K W Q L R N O D O C X C I
W T V R P M G J S E R R E M S H L J F D P Z N
R E G G P V D G R P T M A S T I C A T I O N U
L W Z O O E U E Z I I D E T A R U T A S J L M
G Z J K R I L N Y T F R J E T I S A R A P H M
N Q I F T N S K A D R E A V S C I M O N E G I
D I P I L O G N I H P S S T E M O S I L P E R
W Z I C C O C L R V F C F U I M A N T L I O N
U A S I C I R E T S O L L A O O U A B M Z U P
Q G L W Y T A K G O O B I N N H N L V H N F L
S G K C I N E G O P O R H T N A T J P E V H D
Y A I C E Q N O S C E R Z Y G Z J O U H P G E
L P S E I C E P S D Y Z B N I P E D H C Q N S
N O I T C N I T X E F J W X G P L A U S I E J
```

CODON	WETLAND	COCCI
MYOCARDIUM	SUPPORT	ANTLION
REPLISOME	ANTHROPOGENIC	PARASITE
VEIN	CELLS	HOTHOUSE
EXTINCTION	ALLOSTERIC	GENOMICS
MASTICATION	TRANSPIRATION	SLUDGY
SPECIES	IMMUNITY	SPHINGOLIPID
STABILIZER	FLUCTUATING	SATURATED

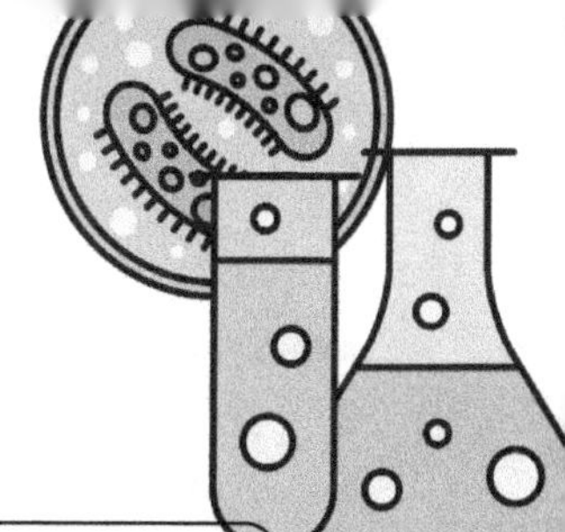

Puzzle # 59

```
H S I S O B M O R H T W N J Q R K H J A L R R
E V T C N P M Z N N R S O E L T T U H S N Z G
I Y O A O O Z T I R O F I E P Y T O C E A R E
X V Y R I V A F B R O N T J A U I X A T N N K
L C S B T Q T J E D T A A N N K C D L N T A A
T L M O A N H Z V U L T R M T W F P L A A D B
N U E H L L A B Y R I N T H L O M I G B R P M
M V L Y I T I S X P I Q N C I X U G Z I C H B
Y W L D D J M T G A T P E Q O Q I W H M T Y N
O P N R O J P P R L I X C F N U N S Z S I N G
C H X A S M A V E E Q O N Q F H E K D R C N E
A T B T A E C Y B O R P O F E I L U F I I N U
R G N E V B T P E Z J U C O B J E X Q K I G M
D E D I R O L H C O S E V A T G S S N T W T G
I E K R V R H Y I I N F Y M I U K I S S C P R
U O C Z H E L S B C F O A M F O H I F M U Z L
M L B Y D A K P R H U K G J W T R C G O J D N
G D T P H N D E Q J U S T A K N P I Y Q D L H Z
```

RNA	FIT	IMPACT
AEROBE	MYOCARDIUM	VASODILATION
CHLORIDE	LABYRINTH	ROOT
ANTLION	ICEBERG	BAYOU
NADPH	SHUTTLE	CONCENTRATION
PALEOZOIC	THROMBOSIS	SELENIUM
THINKING	SMELL	CARBOHYDRATE
ANTARCTIC	PRISTINE	ECOTYPE

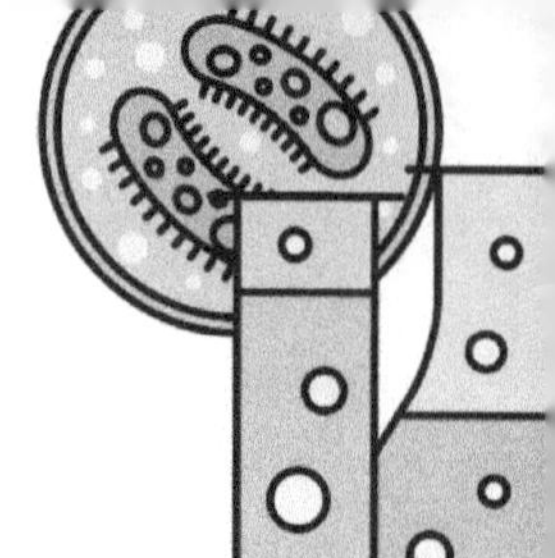

Puzzle # 60

```
T N O U I E S A H P A T E M O R P G S Z E C G
J S U O E C A B R E H E N U D N L O B G U U S
L D T L Y S V G L N W Z N E P O W E R W Q B Q
N P U A Z G L A J O C D N W M U I R E T C A B
C N N J Q S A G N I P A C S D N A L W Y V D R
X I D Z D X I R E T K C K Q H N O Y N M U B M
C F R U N R T B G A B O H L T O V R T T B G H
I R A X T V N Y D N Z L P H O I B W I I J Y M
T R L A M O E J O I Q O T H O T R D M V B K A
S D E B Q P T W L B D N G J M A E O P E N D P
A H Y B R N O U M M E I R E S T S E X Y F E P
L I S S O F P I C O J Z E U W P E N M E D Z I
E U C U P M S W J C Z A E K X A L I M D L U N
U O N N R C Y V Z E H T N D F D C C U Z H F G
U A R F E U C I J R O I W Z Q A S C L M U H L
B O E A R B E T R E V O A I U G U A I U B A Z
C A U T O G E N O U S N Y M M H M V X X C F K
F G Y Z S F E Z S S E T Y C O T A P E H L N I
```

SMOOTH	FOSSIL	POTENTIAL
HEAT	POWER	MAPPING
RECOMBINATION	HERBACEOUS	ELASTIC
MUSCLES	FLEXOR	GREENWAY
PROMETAPHASE	VACCINE	ENVIRONMENT
HEPATOCYTES	COLONIZATION	LANDSCAPING
ADAPTATION	AUTOGENOUS	BACTERIUM
VERTEBRAE	LODGE	TUNDRAL

  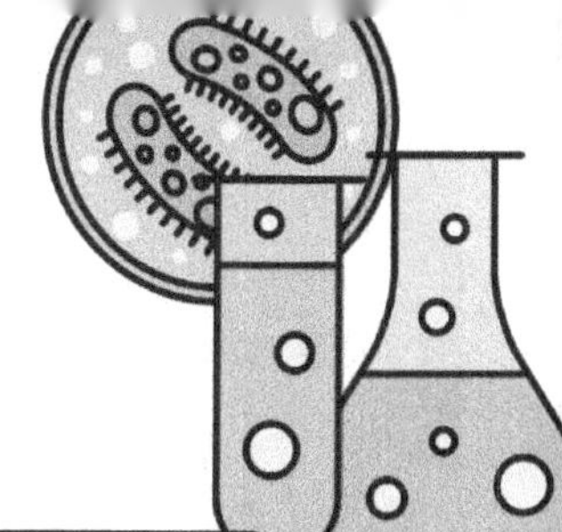

Puzzle # 61

```
F M A R D G R M N R X S E D R V Z W W H C T J
H K O B E C P Q O H S B U C J E C P T U N I C
N Q E U X M U D Y R P G R O D P T R S I C V D
S J I M S R P P Y S I C E A I O B C U Z N B Q
B X L I E E E T V O R Q O F I R M B N J B E K
P M T P R R I T C H I L X M F N E I T I R M X
H I O C T N G N N H L B A F P R S T N F P K N
A M N O I E X E O R L Z H N S E F T E A F S O
G L N L L D F K N I A T F N H D T S E L N S R
O I A Q J B R I R C T Y O W A T C I K M E T T
C S G C A K H G O C E S O G R F M V T E G D N
Y R X R C Z H X H V T C E Y K N T I D I W W I
T G C E N I T N A R A U Q G S C N L K V V Z I
O B V Z V R Q X I N G L C A I K O L Z P W E V
S A U S T R A L I S O E D X N D C U S G I O C
I Y U L S O S B D I H Y P O T H E S I Z E B Q
S E D I T O E L C U N O B I R E E L G H B V L
R T K C U M E S A R E M O S I O P O T M R O G
```

HYPERTONIC	COMPETITIVE	PHAGOCYTOSIS
TUNIC	SPINCTER	AUSTRALIS
INTRON	QUARANTINE	TOPOISOMERASE
NOSTRILS	SALINITY	MUCK
RIBONUCLEOTIDE	VILLUS	HYPOTHESIZE
BRAINSTEM	SHARK	MOUSE
DOMINANT	SPIRILLA	DELETERIOUS
DIGESTION	CRAB	EMERGENCE

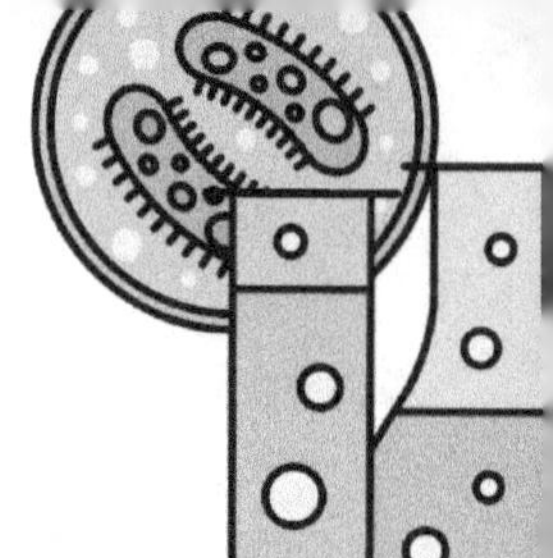

Puzzle # 62

```
E G A K N I L U F E T O Y R A K O R P E I W C
K N I J K I R Q H W N V H U E L K Z R Q G A W
V I R U P G F F X J W V L Y G I W V B Y Q L N
P N D X F W K W U N O B V G P S R O U B M K L
K A N Q A P R I M O R D I A L S W W Y N E I Q
R L E Q P I L G N S X K J V J O D T V I O T T
P E S S R F L H H C X E A D I F C H N C S D X
J M A L A I A Q W I A W L G N E H E E E X O J
E E R J R G B Q B T R T C H S C T R P S R C H
G C G E H H I W J O T N L U U A A M M P P U F
E S O Z Z B J L J I E I O T L R E O A E M M Z
M U H T I V I B Q B R O N C A T R P X C B E F
N H Y W Y K F Q C I I J E U T W B H E I L N B
T C N C Z P R R F T A E R D I I I I I H A I T
U N R V Z X E I Z N L G G O N L P L Y T S Q I
T O U J Z N E Z S A L J H R G R D E D I T W Y
P R W N O I T A L Y R O H P S O H P F O E W C
T B J R E N F T N E S E R P I N M O U R N B
```

PROKARYOTE	LINKAGE	THERMOPHILE
BREATH	JOINT	DOCUMENT
LIGASE	PRODUCT	PRIMORDIAL
BRONCHUS	MELANIN	INSULATING
CLONE	PHOSPHORYLATION	TRACEFOSSIL
RECOIL	BLISTER	ECOTYPE
SPECIATION	ANTIBIOTICS	ARTERIAL
BALL	OMNIPRESENT	TEMPEST

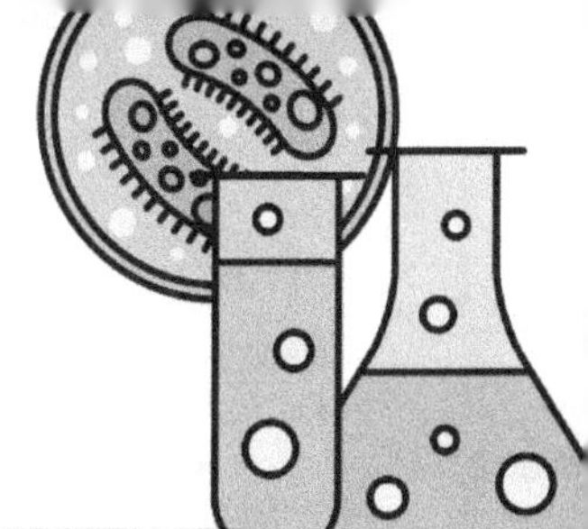

Puzzle # 63

```
M N O I T A N I B M O C E R S T A N A B J L K
N O I T A R E F I L O R P R E E U O I A E J V
C C B M F L N R G F W J H E N S N I W S M S S
U E G I M C E Z K S U A Z M I T D T A E O E F
K G X C O I G H R T R M Q U V O E A N P I G B
P A D R U T Y U C A N X A S X S R N T A B H J
E T K O T S X F E L T I G N D T S E I I O M A
N L Q T H I O O U C A X W O V E T G G R R O E
G O K U O N L F X R Q T R C P R O Y E Z C G N
U V M B T A R G E T E D H M R O R X N D I C E
I W S U Q H T A F D Y L Q R E N Y O O M M I G
N A R L G C B R W E S J P J I E V P D N N D O
O C S E G E W Z E O Y R B L D N A V P L L A C
D U A S L M R Y K D O D B U C M U T U A L M N
C N W M G M R A G E O T F Y I C A E P S I O O
C O R R E L A T E C Y X E N F A D C W P S N E
D U F L W D E Z X I Y K E F Z A U M O X F Z K
T R E X I W J D Q B I B A Y A M G X Z P U Z E
```

RECOMBINATION	MECHANISTIC	MICROTUBULES
OXYGENATION	MOUTH	MICROBIOME
OXYGEN	ANTIGEN	CLATHRIN
REDOX	VOLTAGE	NOMADIC
CONSUMER	ONCOGENE	DOPAMINE
CORRELATE	TESTOSTERONE	PENGUIN
UNDERSTORY	TARGETED	MUTUAL
BASEPAIR	PROLIFERATION	VINES

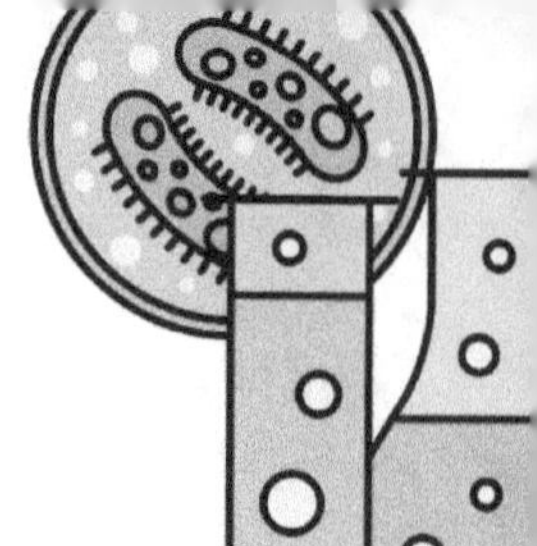

Puzzle # 64

```
O Z E F Z C I M A N Y D O M R E H T I P H R M
F T L E B N G Y I U I Q U S C Y P R I N I D W
B D B Y A C U L A I A F J P U N P X C W A N I
J W U V H R L X N F R H E C Q Z A G H N V G N
T X O O P I B Z R G O W S E I R A D N U O B U
E S D H C Z R E A R T M A P G K N E I R E H M
U B A I Y O T J T O O N C F C M E I O S I S B
C W N C Y L X R J R M S I P S Z D O P T I C I
Q E N O E G K E I K E T L W I U I N P T H V N
P Y S R N R P T T A O V E Y L V O D J B V O G
J M N O T F O U O K S Z H V E N U L E S V R L
T U P G E E C F K Z X S L O N W T A I O P G K
U N Z E D I C I B R E H I T C D B F N Q D D H
N E T C L A I H C N O R B C E L I G A S E I U
J D E F O R E S T A T I O N R T N E M A L I F
P O J Z H Q V Q X Z S H O R E B I R D R A E L
A U U T L W M P H O T O S Y N T H E S I Z E Z
L D F Z R L P R O D U C T I O N H W Q Y U U L
```

HELICASE	MEIOSIS	TRIASSIC
VERTEBRAE	HERBICIDE	NUMBING
LIGASE	THERMODYNAMIC	VENULES
MOTOR	BOUNDARIES	PRODUCTION
DOUBLE	FILAMENT	BRONCHIAL
OPTIC	DEFORESTATION	SHOREBIRD
SILENCER	PENICILLIN	DUODENUM
PHOTOSYNTHESIZE	CYPRINID	FORECAST

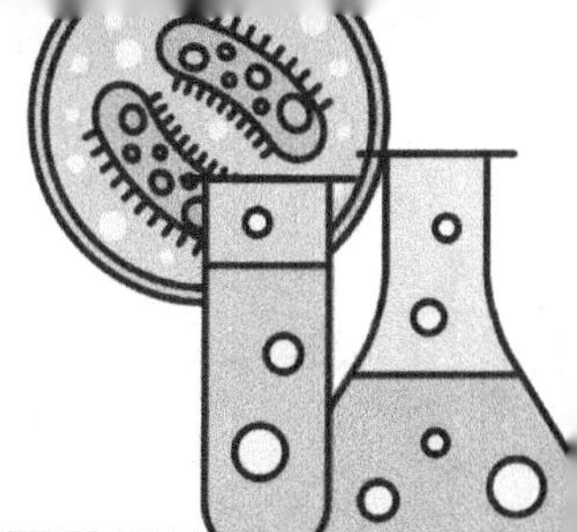

Puzzle # 65

```
F Z Z F G D E E C D E G B N N L R D M U I F V
U I Y K K I V J Z A A G Z F X O Y M Y B F P M
H N S I W E D M D A R P A S E D L O F P O L A
O T V Y H U F D H W P E Y S M F C X I I O A M
K E Y S T O N E N X T G S X S E V U R G D V V
T R H Y D R O G E N O S O M E A J Y U N C M M
T P O A N A T O M Y A X D T X G P W P E H N K
P R T H H V K B C N G I E N E R R A B X A T M
A E N S E Y H L C G A Y S L L A R O T T I L Q
D T A C X N O I T E R C E S B T A P J E N W N
Z A T I O A S S I M I L A T E U B Z H K Q A M
O T S N K A I H V A F D V A L U O N X E V O L
L I N A I R E Q P E P R Z T O D B D K I B M S
J O O G N K A I W R U F Q R E H T K G I T Y E
Y N C R A N M M I Z I M R I S F S A L K V L V
S S R O S K Y Y L V D O R U S Y T I N U M M I
V V Y Z E I H W S U B K N M R O T Z Q D M U B
P R O L A C T I N X F V N S R Y Q Z M L Y N X
```

SECRETION	IMMUNITY	PRION
ASSIMILATE	LITTORAL	PURIFY
DOUBLE	KEYSTONE	ORGANICS
MOBILITY	BARREN	LOESS
CONSTANT	HYDROGENOSOME	ANATOMY
INTERPRETATION	SERAC	FOODCHAIN
HEXOKINASE	PROLACTIN	ATRIUMS
NAVIGATOR	FULMAR	PASSAGE

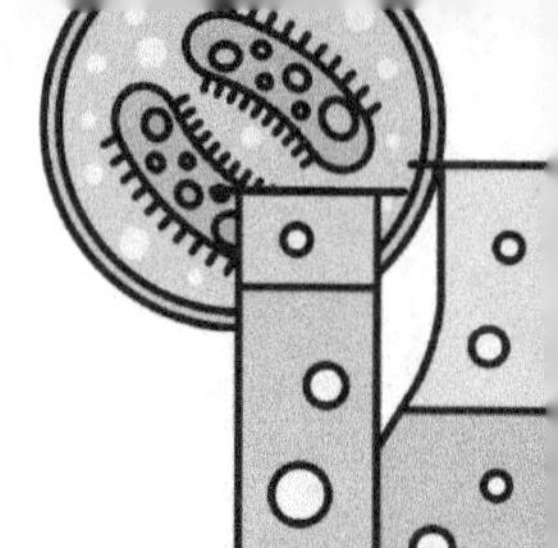

Puzzle # 66

```
Q J M R O T P E C E R O M E H C Y D I O L P V
D B H S Q J Z E K I A J L U V B P E A P W A A
P S I S Y L O M S A L P R A V J N P N B U J N
G J P O N X J L W L C O S K F Q Q E T A I R O
C M E M O S O M S E D I M T P U S R I D N L I
S G X H W O Y K A S B Q U X G E Y I B R T D T
I E E U H D P K J F L I W Y V I N P I B R T A
P Z D T J I S L M C I O O E O D I H O I O K R
D Z V G D U P A K E P U R E E P A E T U N N A
O B W S E M E M Z A U E Z B B Y R R I H B U P
E C I V E R C O B D P X L O L P B Y C T P R E
Z E G J J E T S U L T O X P A I F G S V K G S
V P O Y D H R O L E K A N S L V S C I X O N A
Y B Z T N S U T B P F O K Z D O J T U N I U O
F N B T S A M U O X R B B I T E B N E R T L L
I E X A B I J A F B C I S L P S N U Z R Y T K
D X M F C L R W U F X Q O R G A N I S M A L W
Q J B Z P Q E F R M Z M E N P M P G J C P Y I
```

PLASMOLYSIS	ORGANISMAL	DESMOSOME
FATTY	PUPIL	PERIPHERY
INTRON	SPECTRUM	ANTIBIOTICS
SODIUM	RODS	SNAKE
SEPARATION	SEVERE	PRION
BRAIN	CHEMORECEPTOR	CREVICE
PLOIDY	AUTOSOMAL	ANOXIC
BLISTER	BULB	SEDGE

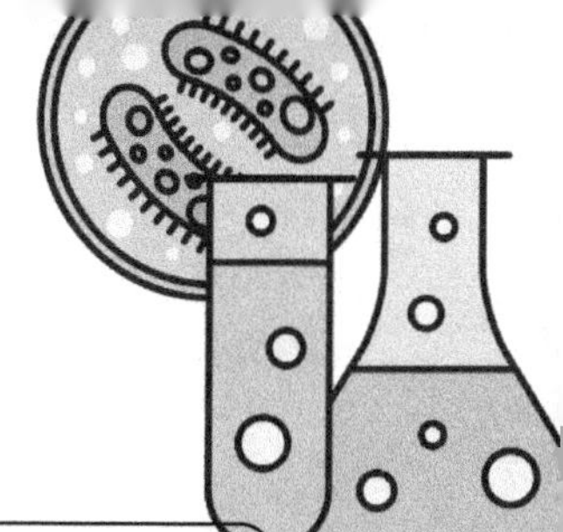

Puzzle # 67

```
H I C N W C M K L O E Z D C M W V F Q N F I C
A N I C O N I F E R V T O S H R X Z X V E G I
I G R G N W U B X H I C O D M E E U T A C R N
R E C M W Z I U G Z T S D U V P M J Q L Q A E
E S U P W E L A M O S O T U A L Q O F T E S G
T T I B D J L Y O C E C K S E E D Y T E V S A
C I T Z P E B A P B G Y H U V U S E L R Z F T
A O R O O R M Y H I I O P O I R B V J A O M U
B N Y O O K F D W I D L R W H A O O A T R P M
O M N N W P E V E S T I G I A L O L G I W K H
N G L O J F M K W Q D C K O J G N V U O P L F
A V U S L M E G N O I T A S N E S E I N I Z Q
Y A L I K S R A S T R O F F E I R V Y D I Z J
C N T S F A G C N H M R Y K K S M A N U A F L
N O I T C A E U E A X K G Q S C O L L A G E N
S R O A O S N W L D F M H R G F F U R D I M Z
I H W G B T C C K M E T S Y S O C E O R C I M
O C W B N J E N M Y C O B A C T E R I U M N T
```

VESTIGIAL	COLLAGEN	CYANOBACTERIA
SENSATION	CIRCUITRY	GRASS
ZOONOSIS	EVOLVE	CHEMOTROPH
PLEURA	MICROECOSYSTEM	LARK
ALTERATION	FAUNA	MUTAGENIC
INGESTION	HIVE	EMERGENCE
AUTOSOMAL	MYCOBACTERIUM	DIGESTIVE
ACTION	CONIFER	EFFORTS

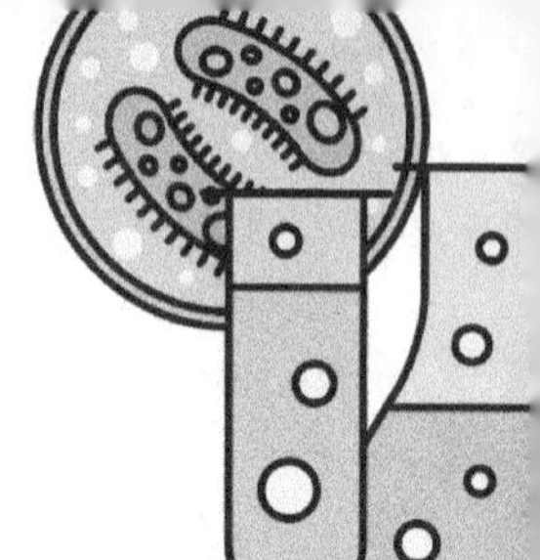

Puzzle # 68

```
L S W F J S F C U Y F C Z O V S W U L A R N F
Y I O R L F Y I U H X R G C S F G R B S U O B
D Y B A S W K N Q B S A W R R Q C A V A S I C
W S N K B U T B C D P D F E A L G W I M H T A
Y A K T H E O I Q E R I S A H C R E B Y C I A
C A E B Q P E E F F I A B T L O O H E F A B P
X M S B S B E S N K N N J I P G U H P N R I Z
X D I L Y C I R X A G T R N Z E N D F V B H J
G E S G Z A A K O C T B P I B P D T R R O N O
B L Y Q O L H M T X I U X N M C H E I Y H I D
S U L O B Y H G O F I K C E U G O F J U Y O O
E P O K E E R N O U Y S G B F M G W H L D T I
Q O T S M Y W Y D Z F Y O B U H E I V E R O Y
L C Y L E G M W M D G L R M P S F Y D Y A H C
L K C L A E R O B R A E A G E R V X T C T P T
G E M Q O G J X Z J E S T G H U A R B B E A R
O T C L O V E R V D M L X T E Y A B V P S B N
M X E L B U O D Y K W R F S P R O N A T E P H
```

CYTOLYSIS	FIT	MYOFIBRIL
REEDY	DOUBLE	PEROXISOME
PRONATE	RUSH	RADIANT
CAVA	SUBCUTANEOUS	CLOVER
PHOTOINHIBITION	BOLUS	CANALS
HAY	ARBOREAL	CARBOHYDRATES
SPRING	GROUNDHOG	POCKET
CREATININE	BEAR	CAMOUFLAGE

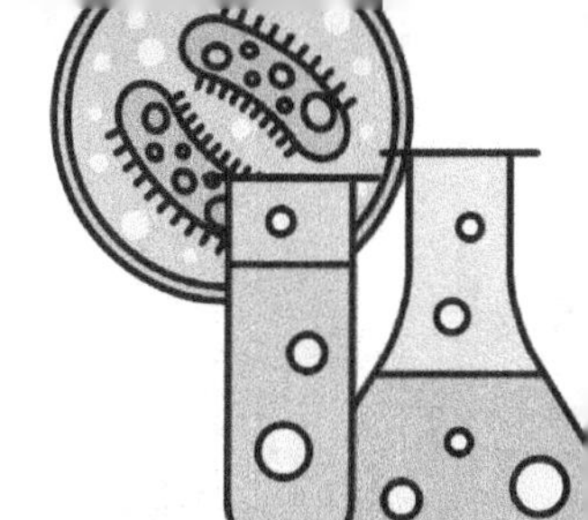

Puzzle # 69

```
P A R B J G Y Y E L A N O S O M O R H C L Y L
H M G N I R P S Z T M H U S I L A R T S U A I
N I E C Q T J W I V A W Q G L Y C O L Y T I C
O N F W A A R F R D H L X Z M P U U I D W K K
V O L T A G E S A N W I U R M G E O L O G I C
Q A T I Z X E T L V E E T C S N T M H C N L X
T C C I Z D X J O A Z P I V R O U E Y K O G A
L I L D G R C X P E A O K Y X I D M P K I E E
I D V E C B G A E R R Y Q I D T C O O E T W C
L S I L B L M P R R G S K R S A Q S T A U W L
Y X E M O Z I H R T N V A E F C P O H T B F E
L A M S I N A G R O I C S T F E U B E E I O A
B U C Y V L V C I N I L K O T F L I S T R Q V
F C F H U L V E Y R H S A D S E H R I F T S A
L C R P P R F K E C U F H G T D R W Z H S L G
E H T A E R B P P R A I R I E P I D E M I C E
C N D P W U Q S E C N A T S B U S Z Y A D O T
S J A H S C R T E A O W U F Z G N K H L K S Q
```

RIBOSOME	GEOLOGIC	CARTILAGE
PERICARDIUM	AMINOACIDS	SPRING
CHROMOSONAL	DISTRIBUTION	REPOLARIZE
CIRCULATE	VOLTAGE	AUSTRALIS
CLEAVAGE	GLYCOLYTIC	SUBSTANCES
BREATHE	PRAIRIE	SEDGE
ORGANISMAL	EPIDEMIC	HYPOTHESIZE
DEFECATION	RHIZOME	GRAZE

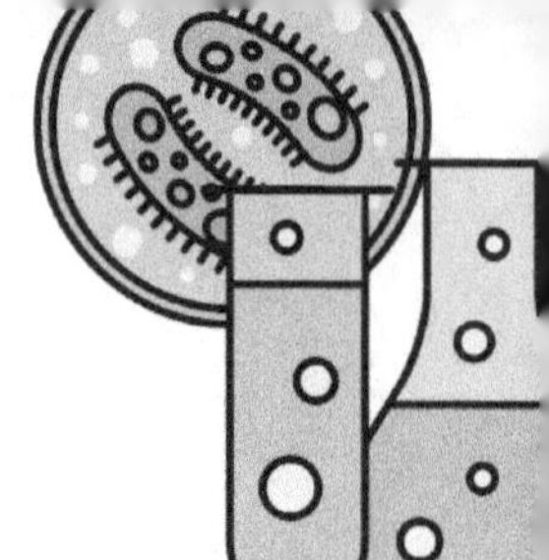

Puzzle # 70

```
T C D O H B Q Q O L O C A T E R Q Q J K E A A
O E N G B Z G U Q W V K L N S D I A T G F P O
J Y T I L I B A T S L S O M Y O F I B R I L J
L W F E V O B N K S G W C I R C U L A T O R Y
A L O U V T S I N O G A T N A I C X M R F D Y
N E N H A N C E M E N T N I J R I X V P K A V
R B E N T H I C E L L U L A R V H R R R E C P
U P A N I N A Y C O T S A L P Q P U G I M I H
T T E T X D Z X M O E M T J G Q A W B M B J E
C G O R U Y S V M W E R C S Z S R K B A R T N
O X R P I F U S D F I E A H Z Y G Q W R Y V O
N N K L O S T E K Y T C R I K E I I U Y O I T
K E F E H G T M K U H T E V O N T N R S N B Y
W E D L I M R A H Z B U T Z R J A T G V I H P
L H L M M M Y A L U V M N E C U R R D L C A I
F P W Q X H B G P S D F I G U R T A L Y J Z C
E G A H P A D J U H I J A N C E S T O R C P S
W O Z N H Y O Q D D Y S T N E S E R P I N M O
```

PHAGE	ENHANCEMENT	STRATIGRAPHIC
MYOFIBRIL	MILDEW	OWL
PLASTOCYANIN	PHENOTYPIC	CIRCULATORY
ANTAGONIST	OMNIPRESENT	NOCTURNAL
ANCESTOR	CELLULAR	PERISTALSIS
STABILITY	LOCATE	TUFT
PRIMARY	EMBRYONIC	RECTUM
TOPOGRAPHY	BENTHIC	INTERACT

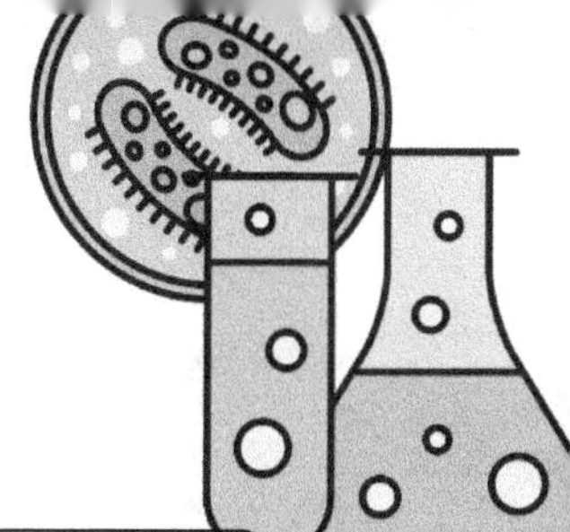

Puzzle # 71

```
C J E K E N G E J H N F E M E T A B O L I Z E
I E E D U T O D K O R C I R L G U A E L N G H
T N I Q X I G I I A X H O E P W W E T L B O W
Y D R L P B U T S W C Q V F Z S X P D A N F T
L U I T X T I J X S X C W L O F B G L E I M Z
O R A E C D X A I M E C Y L G R E P Y H P G P
C A R J E I C O N F O R M A T I O N A L S K A
Y N P P N G L M A B F S G K P R E D A T I O N
L C X Z A K C I D G S S S E Z N M M F J H W N
G E P O U M C T H S Y R O P R E K A N F C K O
A X B R B W P A F P Q A S E L E C T I N D H I
G T G M A Y T S P C O C B A D J C R R Y F O T
M R R R H I M O U I S D N C T N P O P L N H A
S R R I P Y K D M G L O I M G R E E N W A Y I
G E T D U L M I G R S L K C O L M R M F J H R
N S N W L M E U M O T W A K A M R Q B K Z T A
N A T I Z K S M M O T E R R E S T R I A L B V
S H L K I Y E E C X Y H X K Y Z B Z H T T K I
```

ACIDOPHILIC

CONFORMATIONAL

SELECTIN

SODIUM

MOSS

EXPEDITION

HYPERGLYCEMIA

GLYCOLYTIC

REGRESSION

ENDURANCE

METABOLIZE

BAY

TAIGA

PREDATION

ATRIUMS

MELANOSOME

WARREN

GREENWAY

TERRESTRIAL

VARIATION

CAPILLARY

PRAIRIE

SANDPIT

HONEY

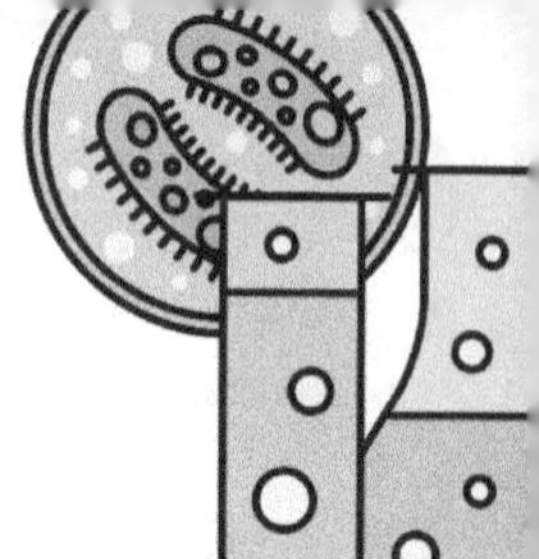

Puzzle # 72

```
Y T V Q S Q A O R Y Y S E G T Y T R O Z U E U
R R H O E S I E Z A R R N F L P G E A F C M V
U A H K E M D Z U O B T I Y R I N A C N O Y S
B N J C D H L A T O A H S A G U A R O A C L C
N S E N I M A P O D S I O N A Y W N O I P C I
D L C Z W K E F E E P C X H O F I I N S E N N
X A I A C C H I M T E K T J O I N O J H V M E
S T H L I F B A A N D E T L W O T S O M W T G
E I P C P A R G R E W T W X P O E E O S P I A
V O O S Y F P Q P M J U N K P O R S L L D R T
F N R F T E Y S R I I H S Y V H Z E O E C P U
Z Q T V O V R I K D U Y H S G Y D A U K D Q M
M U B N N Y D F S E H G R A L O P A U B W O B
F A E L E N Z P P S S I S   N I K O T Y C C
Q H A X H U I M A N M A D E K Z M U M I X A M
Z K K E P R R B W I R T B C L I G H T B M P O
K I Q T E C E F L D L R T I M X G C Y D V X C
I S E N W H L X N P B S P R O M E N A D E Q P
```

HYPOTONIC	LIGHT	FRAMESHIFT
MUTAGENIC	SEED	SPIRE
TRANSLATION	TROPHIC	PHENOTYPIC
PACE	LEAF	POLAR
JUNK	MAXIMUM	DOPAMINE
NOCICEPTORS	WINTER	PROMENADE
CYTOKINSIS	DELETION	SEDIMENT
THICKET	SAGUARO	MANMADE

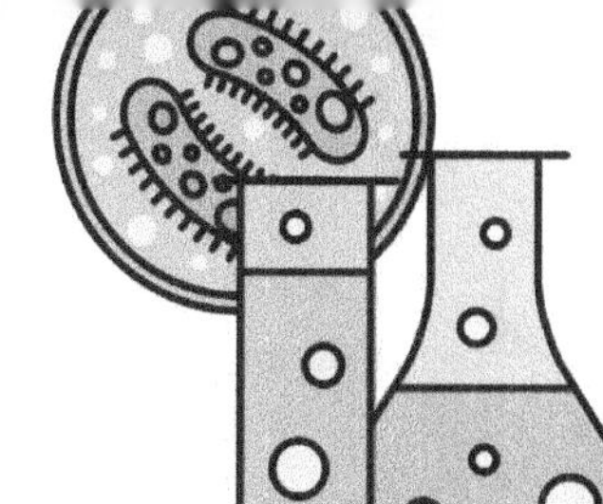

Puzzle # 73

```
G U I P N O I T A Z I L I S S O F V F J Q Y I
C A P T I V E B R E E D L O P G B H Q W M R O
Q R N K U W M W V J L U E C V Z L H P R C A I
X E S Q K N E M X G W O D M F V S E R Y U U W
A P C E L L U L A R M D C Z Y K A E E F P T O
E L Z M C N P N N P V E A D W H P J S O Q S Z
F I G H I I N R R D V N M M T R C Q I D L E V
F S Y H T E E U E P F U E I O X T N D G J N R
H O D I O V G B D X R M T Z K D O C E I L I N
U M Y N M X O I N M T R A M T Y X L N S I M O
Q E N O S L H S U X O B R L V K P O C S E A I
F O Z I O A T C O N O V G T G M R N E Q W M S
U O H T K C A O F E B T I Q O T Z E M U M U N
T L L A J R P F S X W C M G N I N R U H C K E
Y M G I C Q Z U S L R Z E R R Q D Z H U Q Z T
E U A D A N S N C C I X U Z E T I S A R A P X
S A R A W G M G D O I R E P O T O H P Q Y Z E
D Q W R I I E I N D V D H K K X H X Y P X Y N
```

CLONE	PHOTOPERIOD	DUODENUM
CELLULAR	FOUNDER	VELD
UMAMI	FOSSILIZATION	OSMOTIC
REPLISOME	RESIDENCE	CHURNING
PATHOGEN	RADIATION	EMIGRATE
FUNGI	VEIN	MESENCHYME
RUBISCO	FOLIAGE	EXTENSION
PARASITE	ESTUARY	CAPTIVEBREED

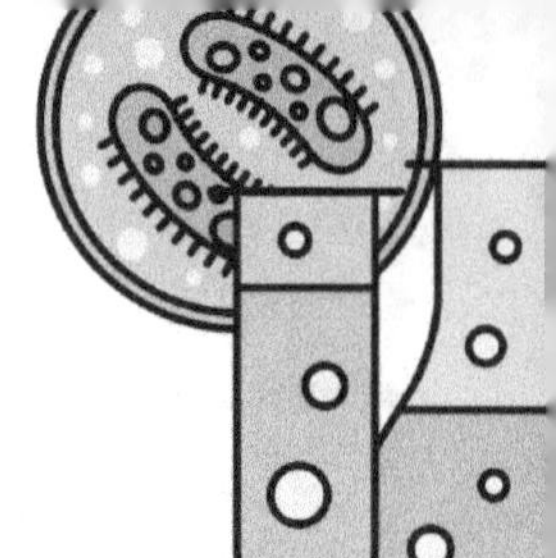

Puzzle # 74

```
D B N X F M O D J L M N S D E V M Q T V H M Y
I K O X E I P K J S E T A R D Y H O B R A C Z
E B R V C D G P T I G H T E V I T A D I X O J
N G U Y U T X Z K T I M E R V X P D Q V V E I
J X E H N O Z C L E U C O P L A S T F C T D P
H D N U D W K G K S S L N U N S I F R W V S R
X V C K H N G U U O E R U D D U O H M D D L O
S Y N A P S E R N V P W E Q H B P M L N F H L
B W D C S A I L S C H M C S M S X N A P P S I
L H E D E V B R W I I S W H Z T G L N N X V F
B M N N O H O C C C M C F F A A G T A S Y B E
H A S N O D F H B A Y R A G J N Z K V A T M R
V T I T O M E L L I U G E P U C Q V B V B I A
E H T I E B C O N V E R T D Z E W Q D A S Y T
R G Y S R U B E L L A G Z J O S R O B N F D I
E C N E D N E P E D R E T N I P I E G N J P O
S I S Y L O M S A L P E D J L L Y Y K A C Z N
F S J V N I N A Y C O T S A L P B H F B K T V
```

PLASTOCYANIN	PANDEMIC	DEPLASMOLYSIS
CONVERT	HYPODERMIS	BAY
TIME	RHINOVIRUS	TIGHT
SUBSTANCES	PROLIFERATION	GUILLEMOT
SYNAPSE	RUBELLA	NEURON
GLANDS	SAVANNA	FECUND
OXIDATIVE	LEUCOPLAST	INTERDEPENDENCE
CARBOHYDRATES	DENSITY	MIDTOWN

Puzzle # 75

```
S X M U R O S U B S T I T U T I O N O U F C B
U V X O Y R A A N E G O M Y Z B V M P K F F H
V G T E C G M O P C O S I S O T I M Q J Z V K
M O A L I A J W V A U C O O P E R A T I O N R
M S F W R N I I E R H S J T G S L Z N Q K B F
T H N A E I E R L R R U Z N N L E A F O T S Y
Q U U T H S Z J L I Y M C F V G U K T Q A N W
W V C B P M T I Q E O T M O O K M R S O K E U
E U L B S I C I R R A G N H X L I O U D E C F
Y W E B O B G D M Q R R N J Y H C C C A H L Y
H Y O Y M K R G C M M T N C G O R W O P J O P
T N S L T O N C O L U R I I E P O I L A D M E
H R O A A I Z O Q Z E S B I N E F Q F R N T M
E C M Z K M J L N H D A X Q A G L T Q L A T U
E L E L P R E L W A R T V R T Q O X H N E F C
B K A P G Q H E F L D I U A E A R B O O J D Y
M T A H W J J C B H I E G H G T A R M Z H K J
S H A L S Y X T D X A Y L M L E P W K R F G O
```

NUCLEOSOME	ZYMOGEN	YEAST
TAKE	LEAF	LOCUST
MITOSIS	CARRIER	MICROFLORA
LEARNING	COLLECT	SUMMIT
CLEAVAGE	SUBSTITUTION	SHALE
MOTOR	ATMOSPHERIC	TRAWLER
ORGANISM	COOPERATION	OXYGENATE
PRONATE	LAKE	STALKING

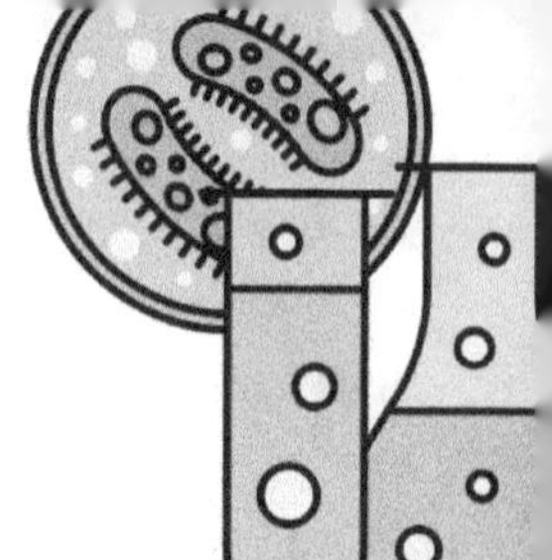

Puzzle # 76

```
R K K V C V A T G B K Z M Z D A K R U O K F V
P W K E I X O P E R O X I S O M E W N M T O B
M X I L N W Z N L Z E Y P A R E H T O R N B M
A L M E A N O I T A L S N A R T I B I K O N M
T W R C P S D O I R E P G V J W V I T O I O K
X L X T M N E U R A L U D N A L G O A I T I V
Y G Z R Y B O T V E K E S I I O G M X O A T T
D E V O T T Z I A L F L U Z A D S I I K T A E
Q N O L M H E B T R K C C O N H E N F W U R P
T E Q Y C G L T L A D N O G B P E E L O M I Y
C T P T U I C R A T N Y L L L F L R R U T P T
H I D E N T I M J L C I H Z B T A A Z B N S O
R C A S M T N Z S F I X M O L D I L B U I E N
J K R R C H V C L M P T D R B Z E D C N O R E
U B O R A U G A S Q D B N E E R Z X M N P F H
W S D N O B E D I T P E P E W G A Z F H R Z P
S H J R S D P P A E K A N B V V X C J G L R I
F S T Q U R I A P E S A B P E X T E N S I O N
```

TRANSLATION	LOCUS	PEROXISOME
BIOMINERAL	VENTILATE	GERMINATION
FIXATION	BREEDING	GLANDULAR
PERIODS	ELECTROLYTES	CARBOHYDRATE
GENETIC	RESPIRATION	TIGHT
POINTMUTATION	EXTENSION	EEL
PHENOTYPE	THERAPY	PEPTIDEBONDS
BASEPAIR	TYMPANIC	SAGUARO

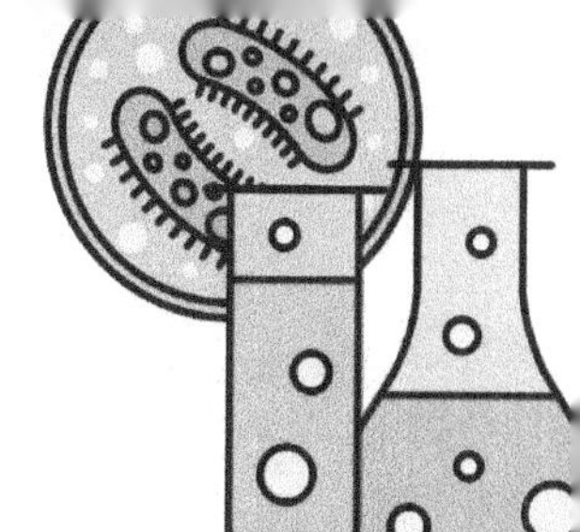

Puzzle # 77

```
F O G N I K L A T S M J V H F L S U E D I M N
L E V N L Z E A R E T C N I P S S Z M Q Y N V
N O I T A C I F I S R E V I D A E R O M P I P
A C Y A N O B A C T E R I U M Y N O S J B V V
U O T I P A T S O R F A M R E P H T S G X L Y
D W B W G E U L E P W S K Z G O C Z E O C A C
E P Y T O N E G S K Y P E K R A I Y S R O C Y
M A F J B X X N U L S I J V E C R E L Q J B A
E M E L A T O N I N S N O M U Q V F H D N O N
T A Y L J W W H M N D A X E J M J T C I T U O
H N M E G G V Z O Z B L A R J F O W X E A L B
I G O W Y J B W W L C Y F I X O T E D J A E A
O F Z B D A F M I E S A R E M Y L O P D B V C
N C J A W A G S D L E V H S U B E N Y M T A T
I I E X L G T H Z A J G U G K K E L P N B R E
N X F L Q E A X X R X C V U U M Z J I H R D R
E Z W S R S F D T F Y S W F U G T O Q R U Z I
Z L A I R O T A U Q E B O L Y O P L N Z D L A
```

SMOOTH	CALVIN	PERMAFROST
CYANOBACTERIA	SPINAL	SNOW
POLYMERASE	LUMEN	POINT
CYANOBACTERIUM	BLISTER	BUSHVELD
METHIONINE	DIVERSIFICATION	MELATONIN
SPINCTER	MOSS	BOULEVARD
EQUATORIAL	GENOTYPE	RICHNESS
DETOXIFY	SNOWFALL	STALKING

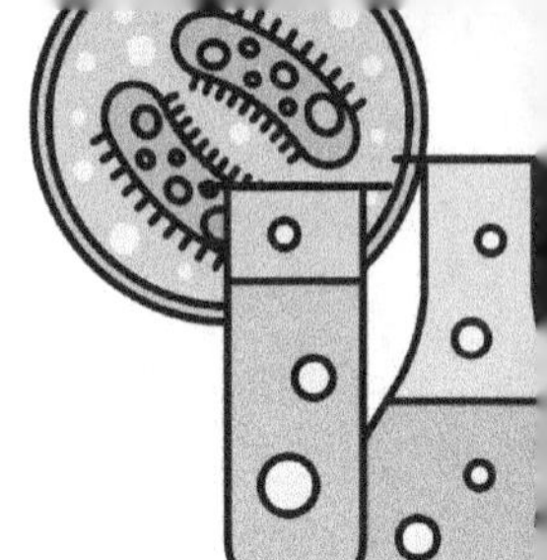

Puzzle # 78

```
F L G J X N O I N T E R T I D A L E U Q I N U
K A N T X W T L K B F E M O S O M O R H C A L
R T J E D Z A J G C A H H E F Z H A S I Y R R
I R D X X C G P E X J K C R A E L C U N I U M
H O B H N U C L E O S O M E J O H L B J F L U
S P Q T D H O M O Z Y G O U S K C I R T I C D
S I L E N T M U T A T I O N I W V C U Z A B F
F B T N E L I S X C Q D I O K A L Y H T Y D L
Y W C X F A C Z L L Z K K G L Y X L E L N M A
T T O N I L S H I I U G V V F L M R M G H P T
Q N T O E D U L P X W S E J N T B D T X L P E
E E O R K N S U I O K T D F I N O T E L E K S
O L A Y S T N S D P W N S G R A M S T A I N E
Y U I I R R E Q Y P S C B I E Z W N H R W S B
W C F D K H C R I U Q A J N H X J T Q V A V X
T C X W Z S E C I P P O C Q D B X O B P F L A
T U V E H T A E R B R M V Y A B Z I I W H P I
P S L A M E L L I P O D I A C E Y L F F R L U
```

CHROMOSOME	CITRIC	GRAMSTAIN
BREATHE	SCLERA	INTERTIDAL
NUCLEOSOME	SILENT	CADHERIN
LIPASE	LIPID	SUCCULENT
THYLAKOID	LAMELLIPODIA	BIVALVE
PORTAL	CENSUS	MUDFLAT
HOMOZYGOUS	NUCLEAR	SILENTMUTATION
SKELETON	COPPICE	UNIQUE

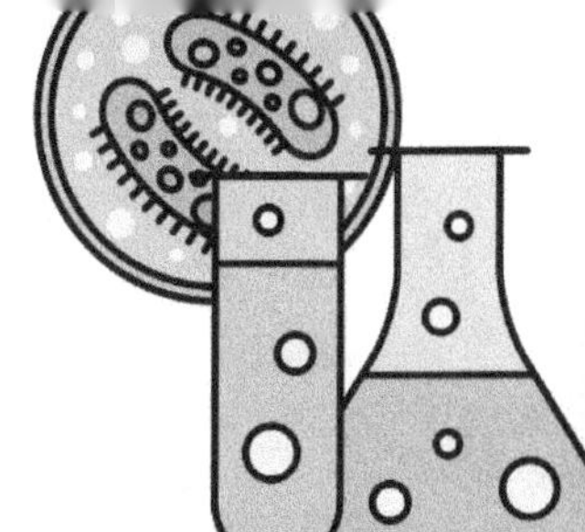

Puzzle # 79

```
D D G R A M S T A I N A F K M T G T T S L O I
U C S H V X U X K B O K J B A W Y I V O Z G P
R Q G K F C O N V E R T U F H O D W H C T I P
A A U C E S N E D N O C E D O G Y K U R C W S
C L V B R J V L W X O E C E G K B A K S I Z R
W P E R E N N I A L X P S J A R A P E X T J G
T S U B Z E R O S K L I T I N O J L X O N E L
J N K K D H Z L X P R S F Y Y I Z O C E E R F
W P Y F P I H S N O I T A L E R S S V L V R L
P E C R B L D G T H A A W W O E A I F O L G S
P R T X O M Q C N L S S L R R T H T E B O J E
M M Z S B T V I C W E I V F D N I R V I S J G
Y E S X C Y C Y D P X S Z O F A U O N P P Z A
M A O A E P G A N K U P I D T Y Q C T Y R I R
I S G K L E B M F U A P G X E L A S T I N T I
M E L M H T H S M L L T H E O R Y W J Q O B M
I Y T Q T I Y Z M V O B W W L H L N M R Z I I
E S A R E M O L E T T X E N O I S N E T X E V
```

DECONDENSE	SOLVENTIC	CORTISOL
EXTENSION	SALTY	MAHOGANY
EPISTASIS	ELASTIN	CONVERT
ANTERIOR	KEY	MIRAGE
THEORY	ASEXUAL	GRAMSTAIN
PITCH	HIVE	SUBZERO
PERMEASE	RELATIONSHIP	TELOMERASE
OLFACTORY	PERENNIAL	APEX

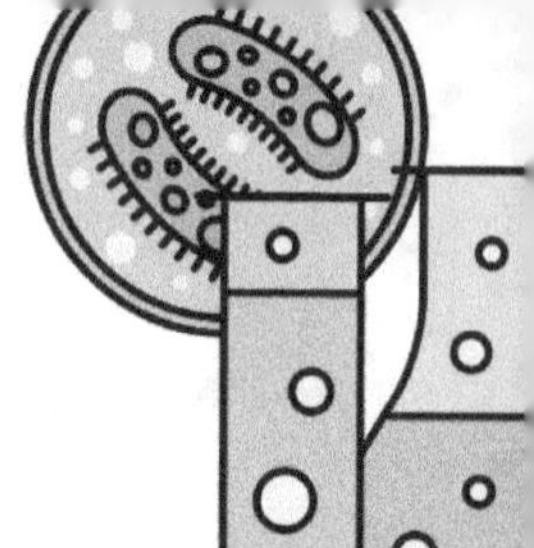

Puzzle # 80

```
W M G D X O A T H Y G H W A G G K X L O Q V A
H Z J R R F S C R O S S O V E R P A P U X V S
L L Y H P O R O L H C P R O T E O M I C S J Y
M V C E J E F Q Q T B Y L T V M P H F L B M Z
G A L L B L A D D E R E E N W J U O O O I G S
S E D I R O L H C C D T M K O M B A Z T Y T I
N Q Q C T T A X D U A T M O O Z O D W T J T S
E L Q A D H E R E N S L I R O Q A E Y I N O O
N I C N W W N V U S K V N X L U V N L N K P T
U P Y S S N H S B U X N G I I Y F I Z G Y N Y
N A C Y L G O D I T P E P Q D L G N E R N O C
P Q L M I C R O F L O R A X O W K E U A E I O
W L O N W S C A R O T I D U R I U V Z E W T D
K G N U B G G S Z I E N R T D L A F T F P E N
I W E U W K C A T T A I S N R T B O Q V N R E
W A R R E N Y E W O S I E T E D A F X L D C H
I X Y O V Q C A I H C Y N C M D L K Z S O X G
K K T T Y G O L O I D R A C U M L Q F Z H E Z
```

ENDOCYTOSIS	PYRUVATE	ADHERENS
CHLORIDE	TETANUS	FLOURISH
ADENINE	PROTEOMICS	CARDIOLOGY
GALLBLADDER	BALL	CYCLONE
CHLOROPHYLL	MICROFLORA	CAROTID
CLOTTING	HUMOR	LEMMING
CROSSOVER	PEPTIDOGLYCAN	EXCRETION
KIDNEY	WARREN	ATTACK

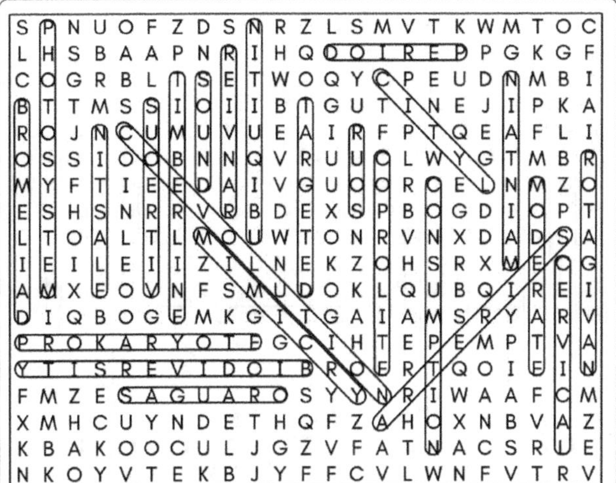

Puzzle # 1

PROKARYOTE	MAINTAIN	ELASTIN
COPROLITE	SOUND	TIMBERLINE
PHOTOSYSTEM	BIODIVERSITY	RANVIER
ARTERIES	SOUR	BROMELIAD
COEVOLUTION	LYTIC	MIMICRY
CERVICAL	NAVIGATOR	CONSUMPTION
PERIOD	TARGETED	UBIQUITIN
VITREOUS	SAGUARO	MODERATE

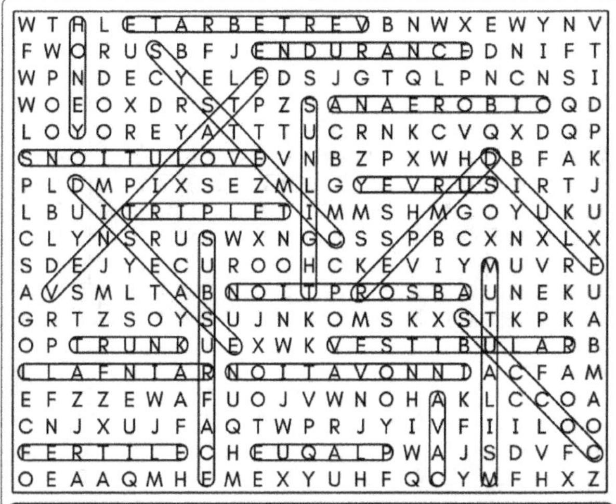

Puzzle # 2

COCCUS	CAVA	PLAQUE
VENTILATE	TRIPLET	ENDURANCE
EVOLUTIONS	VESTIBULAR	ABSORPTION
SUBSURFACE	DISEASE	SURVEY
ANAEROBIC	RAINFALL	MUTUALISM
SUNLIGHT	FLUID	TRUNK
DUMPER	FERTILE	SYSTEMIC
HONEY	VERTEBRATE	INNOVATION

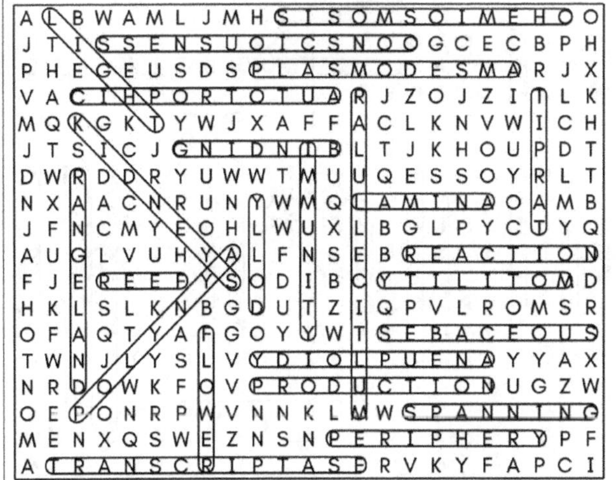

Puzzle # 3

ANEUPLOIDY	BINDING	PLASMODESMA
CONSCIOUSNESS	MULTICELLULAR	REEF
LIGHT	CHEMIOSMOSIS	TRANSCRIPTASE
SEBACEOUS	AUTOTROPHIC	POLYNYA
REACTION	IMMUNITY	TARPIT
ANIMAL	SPANNING	RANGELAND
KIDNEYS	DOLLY	MOTILITY
FLOWER	PERIPHERY	PRODUCTION

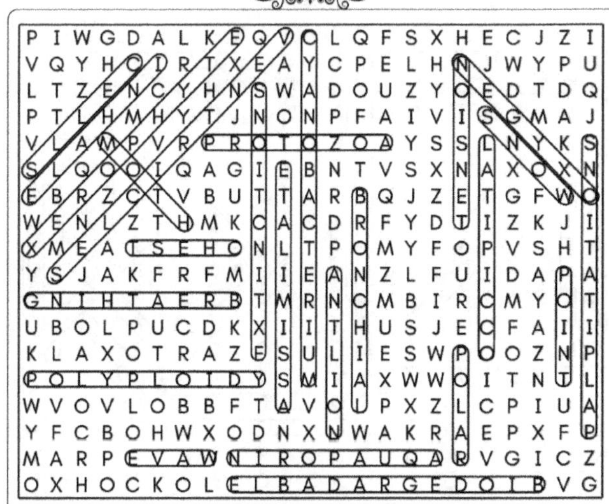

Puzzle # 4

OXYGEN	CYANOBACTERIUM	PALPITATIONS
BREATHING	CELLS	SNOW
POINT	EXTINCTIONS	INHALE
ASSIMILATE	WAVE	POLAR
AQUAPORIN	POLYPLOIDY	CHEST
OCCIPITAL	XEROPHYTE	MOTH
PROTOZOA	VENTRICLES	BRONCHIAL
TENSION	ANTLION	BIODEGRADABLE

Puzzle # 5

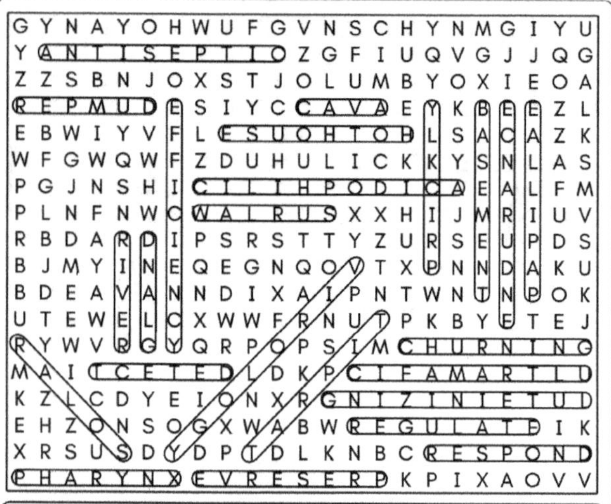

ACIDOPHILIC	DUMPER	TARPIT
PHARYNX	DETECT	WALRUS
ANTISEPTIC	BASEMENT	CAVA
ENDURANCE	PRESERVE	HOTHOUSE
GLAND	LUTEINIZING	REGULATE
RESPOND	RIVER	ULTRAMAFIC
EFFICIENCY	VIROLOGY	CHURNING
PAPILLAE	PRICKLY	SOLAR

Puzzle # 6

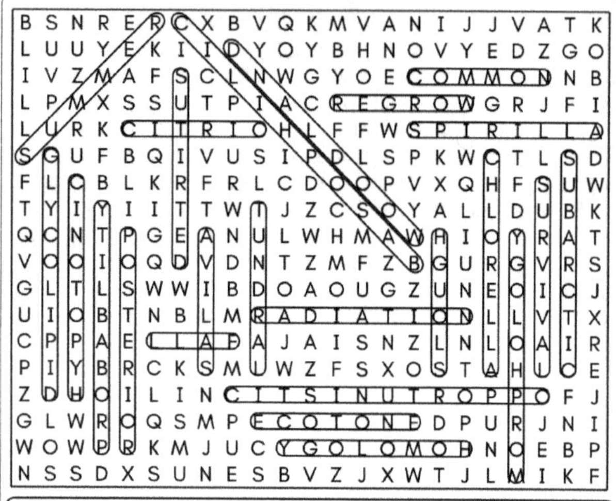

BASOPHILIC	HOMOLOGY	ECOTONE
GLYCOLIPID	DETRITUS	SLOUGH
HYPOTONIC	RADIATION	CITRIC
SALIVA	OPPORTUNISTIC	TUNDRAL
SURVIVAL	MORPHOLOGY	CHLORELLA
POSTERIOR	SUMMER	SUBARCTIC
COMMON	PROBABLITY	SPIRILLA
WOODLAND	FALL	REGROW

Puzzle # 7

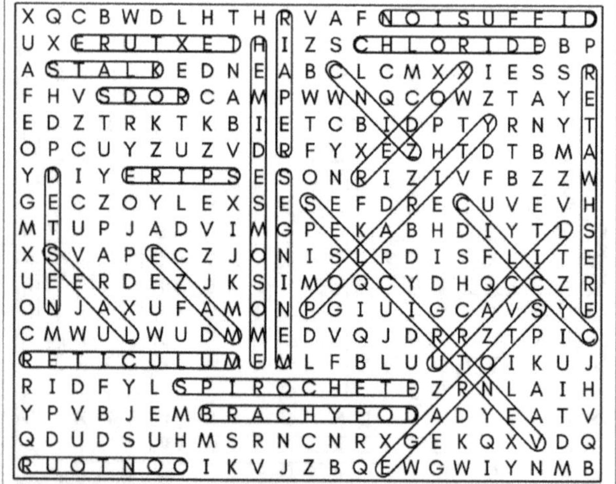

DIFFUSION	SPIROCHETE	REPAIR
STORAGE	NESTED	CONTOUR
RETICULUM	HEMIDESMOSOME	VENTRICLES
MENINGES	MAZE	SEAL
URACIL	REDOX	ZINC
RODS	FRESHWATER	TEXTURE
POLARITY	BRACHYPOD	CHLORIDE
CYCLIC	SPIRE	STALK

Puzzle # 8

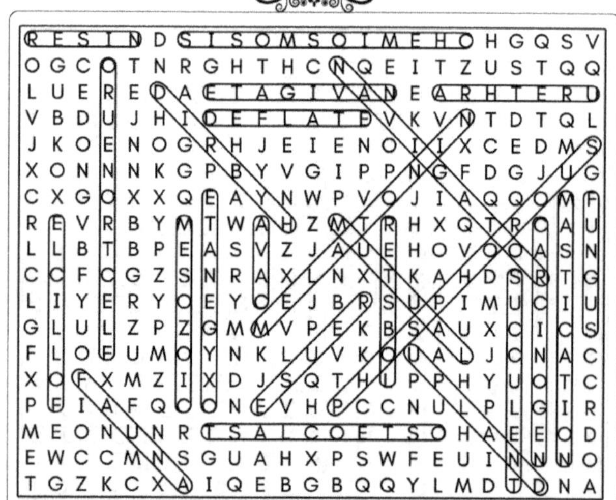

HYBRID	MUTUAL	FUNGUS
CAVA	ELECTRONEURO	LOBSTER
CHEMIOSMOSIS	MELATONIN	RESIN
DEFLATE	PHOSPHOROUS	SUCCULENT
CARCINOGEN	FOLLICLE	MESOZOIC
MASTICATION	NAVIGATOR	UPLAND
OSTEOCLAST	FAUNA	OXYGENATE
URETHRA	NAVIGATE	REUSE

Puzzle # 9

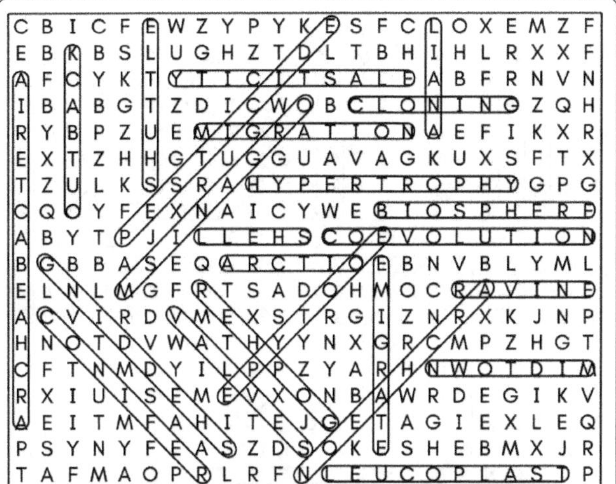

COEVOLUTION	LEUCOPLAST	VALVES
PESTICIDE	ARCTIC	SHELL
ORGANISM	CLONING	HYPERTROPHY
SHEDDING	LIANA	MIDTOWN
SHUTTLE	ARCHAEBACTERIA	ELASTICITY
CONIFER	OUTBACK	ECOTYPE
BIOSPHERE	ARCHAEON	MIGRATION
RAVINE	GOPHER	EMIGRATE

Puzzle # 10

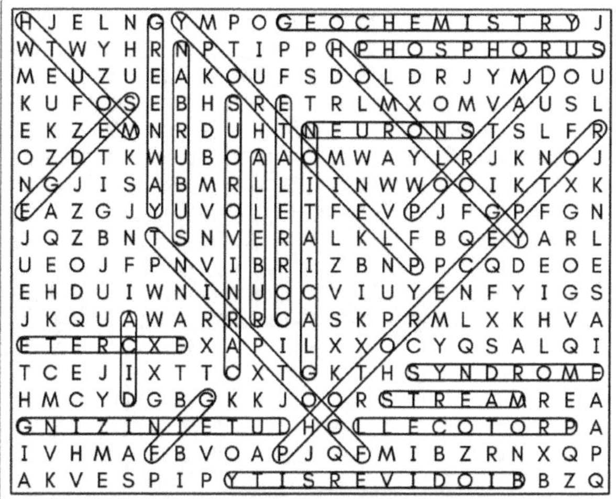

HOMOLOGY	ACID	LUTEINIZING
GLACIATION	NEURONS	SEDGE
PLEIOTROPY	SYNDROME	PROTOCELL
MOUTH	PHOTORECEPTOR	GREENWAY
BIODIVERSITY	RUBELLA	GEOCHEMISTRY
PORTAL	STREAM	SUBURBAN
FOOTPRINT	PHOSPHORUS	CORRELATE
EXCRETE	FIG	CARNIVOROUS

Puzzle # 11

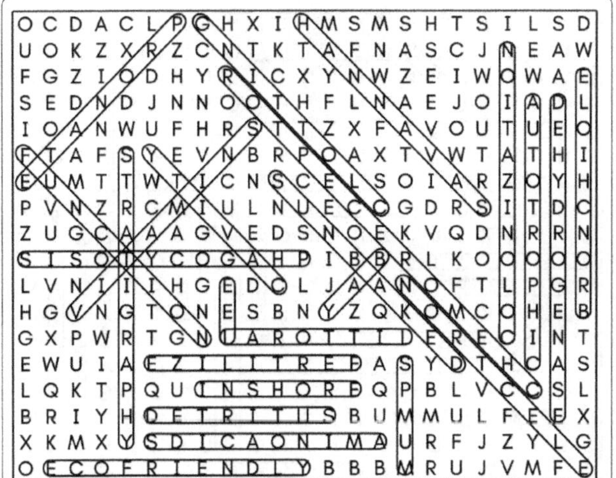

ELECTRON	PHAGOCYTOSIS	BRONCHIOLE
PRONATE	DETRITUS	EEL
SAVANNAH	STRATIGRAPHY	VITAMINS
CHEMORECEPTOR	AUTOTROPHIC	SUNBAKED
DEHYDROGENASE	FUNCTION	AMINOACIDS
COLONIZATION	BAY	INSHORE
MUMPS	CAVITY	CLOTTING
FERTILIZE	LITTORAL	ECO-FRIENDLY

Puzzle # 12

CYTOPLASM	REDUCTASE	GRAMSTAIN
OBLONGATA	SAPLING	WILDFLOWER
SECRETION	ROTAVIRUS	MITOCHONDRION
DUCTLESS	REEF	GRASSHOPPER
VESICULAR	OSTEOCLAST	KINASE
EYE	FISH	MOUSE
GENETICIST	NODE	GEOLOGY
PHOTOTROPH	FOOTHILL	COAST

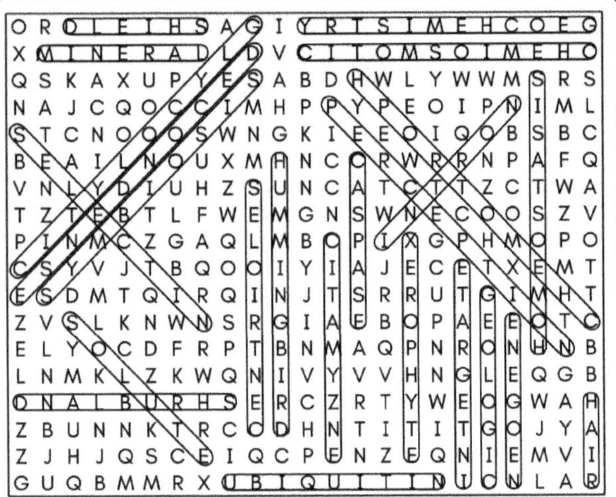

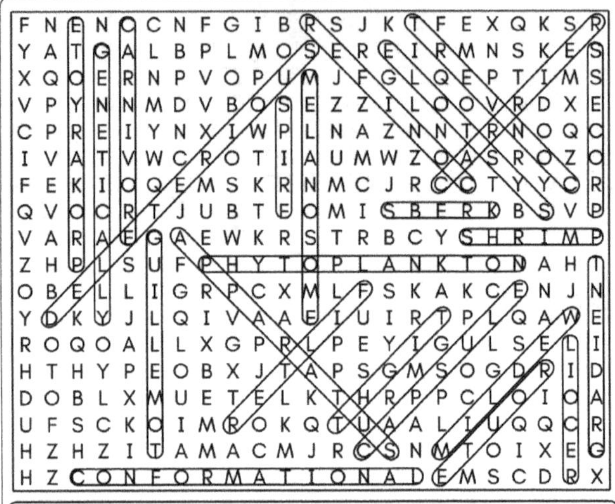

Puzzle # 13

SOLUTE	GEOLOGIC	CHEMIOSMOTIC
CASPASE	NEOGENE	INTEGRATE
INTRON	HOMEOSTASIS	GLYCOLYTIC
UBIQUITIN	PERCEPTION	XEROPHYTE
CENTRIOLES	SHRUBLAND	SYMBIOSIS
CHEMOTROPH	SHIELD	MINERAL
DECONDENSE	ENZYMATIC	SELECTIN
GEOCHEMISTRY	HAIR	HUMMINGBIRD

Puzzle # 14

PROKARYOTE	KREBS	CONVERT
SYSTOLE	CARNIVORE	SHRIMP
GRADIENT	CARRIER	CAPSULE
RECOIL	MILDEW	SPIRE
APPARATUS	TIGHT	DELETERIOUS
FILTER	CONIFER	GUILLEMOT
CONFORMATIONAL	GENETICALLY	PROCESS
MELANOSOME	PHYTOPLANKTON	ROUTE

Puzzle # 15

TONOPLAST	POLYGENIC	ANDROGENS
PYLORIC	HIDEAWAY	RIPARIAN
RIBONUCLEOTIDE	HERBACEOUS	CLAY
CIRCUITRY	SUMMER	PAMPAS
ABSORPTION	BARRIER	DIASTOLE
FLEX	FLOURISH	SOIL
ANHYDRASE	INDUCED	MOUTH
CORNEA	WATERFALL	INSHORE

Puzzle # 16

PHAGE	MECHANISTIC	EPIDERMAL
EXTINCTIONS	PRAIRIE	GRASS
ORGANISMAL	REDUCTASE	RETICULAR
CAROTID	KEY	BEACH
ARTIFICIAL	CILIUM	SELECTIN
DEFECATION	MIRAGE	AVENUE
SYNAPSE	HYDROSTATIC	AUTOSOME
CEREBROSPINAL	HAMMOCK	SEASONAL

Puzzle # 17

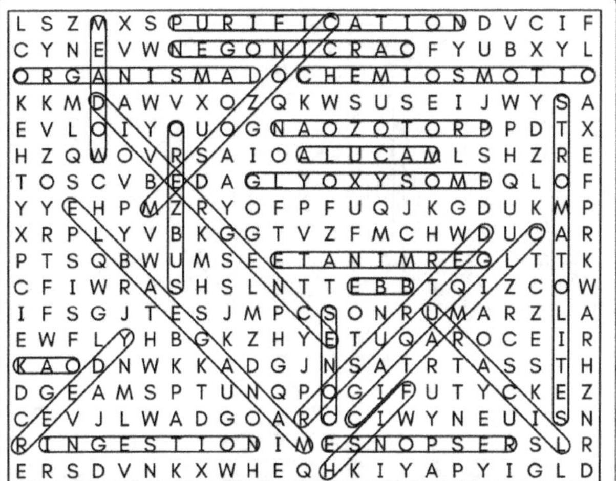

URACIL	CARCINOGEN	MESOZOIC
RESPONSE	GERMINATE	SUBZERO
ORGANISMAL	GLYOXYSOME	INGESTION
CONES	CLIMATIC	REEDY
DIVERGENCE	PROTOZOAN	DETRUSOR
MACULA	OAK	EBB
CHEMIOSMOTIC	STROMATOLITES	PURIFICATION
MEADOW	FISH	MANAGEABLE

Puzzle # 18

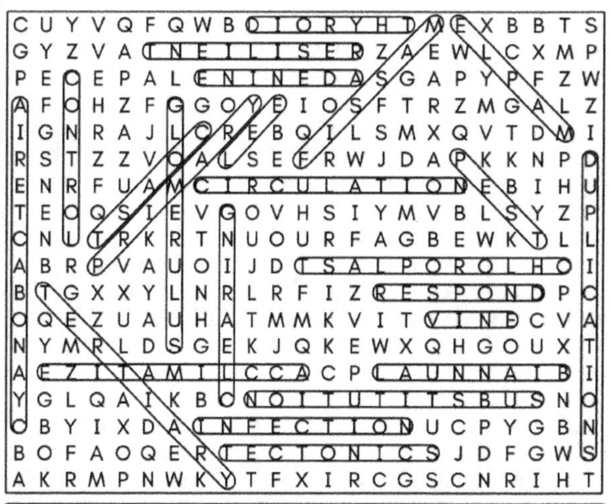

CHLOROPLAST	CONTROL	RESILIENT
CIRCULATION	VINE	MAPLE
ADENINE	INFECTION	CYANOBACTERIA
GLOMERULUS	PEST	EEL
DUPLICATIONS	SUBSTITUTION	TECTONICS
THYROID	BIANNUAL	MASSIF
PRIMARY	ACCLIMATIZE	TERTIARY
RESPOND	CLEARING	COAST

Puzzle # 19

PERMEABILITY	ENZYME	ENDORPHIN
NOCICEPTORS	MAHOGANY	BULRUSH
SPECTRUM	DENATURATION	CARDIOVASCULAR
MIGRATION	CREVICE	APEX
PHENOTYPE	SUSTAINABILITY	EXCREMENT
STEM	GLACIER	STALK
ANTHROPOGENIC	PARTHENOGENESIS	INSPIRATORY
RESEARCHER	MOISTURE	RESETTLE

Puzzle # 20

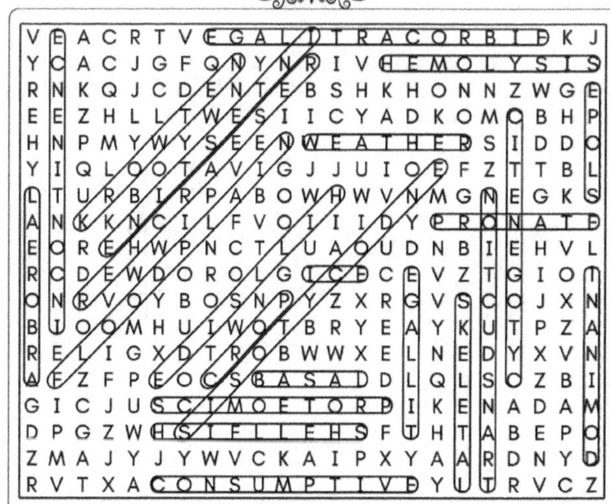

ENDOCYTOSIS	ARBOREAL	FIBROCARTILAGE
PRONATE	HILLSIDE	ICE
CYTOGENETIC	BASAL	PROTEOMICS
CONSUMPTIVE	FLOODPLAIN	TILLAGE
DOMINANT	HEMOLYSIS	INTESTINE
RESEARCHER	CROP	NETWORK
TRANSDUCTION	SKELETAL	INCONTINENCE
SLOPE	SHELLFISH	WEATHER

Puzzle # 21

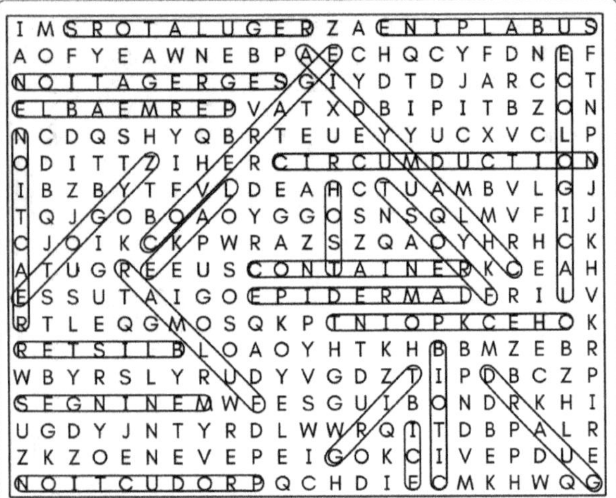

CHECKPOINT	GUARD	BIOTIC
MENINGES	FROST	CONTAINER
SEGREGATION	ZYGOTE	PERMEABLE
CIRCUMDUCTION	LAKE	ICE
REGULATORS	ECOLOGICAL	EPIDERMAL
BLISTER	SUBALPINE	GRIT
REACTION	HOST	CHLAMYDIA
COVERAGE	FULMAR	PRODUCTION

Puzzle # 22

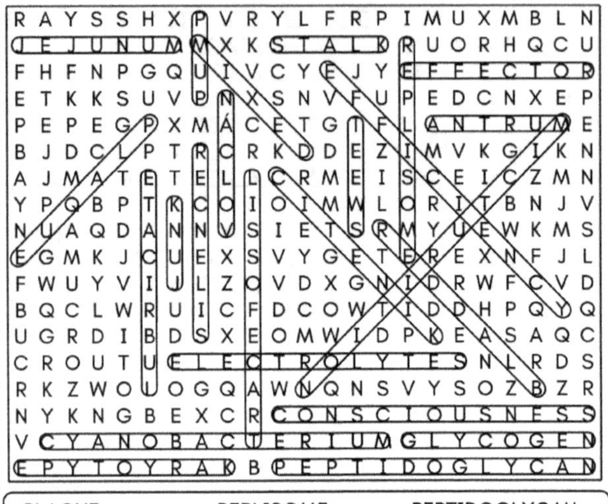

PLAQUE	REPLISOME	PEPTIDOGLYCAN
ANTRUM	ELECTROLYTES	SWEET
KARYOTYPE	EFFECTOR	CYANOBACTERIUM
JEJUNUM	MICTURITION	MIXED
SILENCER	KINETIC	TRACEFOSSIL
GLYCOGEN	CONSCIOUSNESS	VOLCÁN
JUNK	EFFICIENCY	PUMP
BLADDER	LUBRICATE	STALK

Puzzle # 23

ADHESION	ENZYME	OUTBREAK
HOLOCENE	EXOCRINE	ZONE
SEXUAL	MECHANISM	PARASITE
VOLUME	SEBACEOUS	DUNE
HYPOGLYCEMIA	ZYMOGEN	MICROBE
VOLUNTARY	SAVANNA	PROMENADE
PERMAFROST	ANTIVIRAL	MYCOPLASMA
GLOMERULUS	BUFFER	TUNDRAL

Puzzle # 24

TRANSPORT	CHEMIOSMOSIS	BRONCHI
LAYER	PRICKLY	HAMMOCK
FEEDBACK	IMMUNIZATION	MUCUS
SEED	HILLSIDE	BULRUSH
WETLAND	NODE	CREATININE
FUNGICIDE	HIBERNATE	SHELLFISH
WEB	DELETERIOUS	FOLLICLES
SOLSTICE	VINES	MODERATE

Puzzle # 25

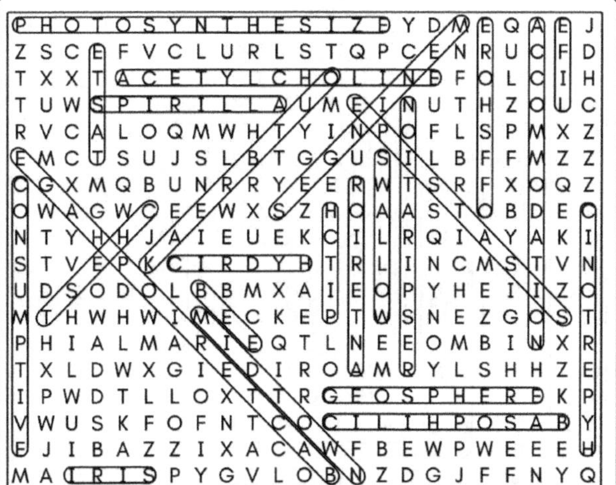

BASOPHILIC	RESPIRATION	LIFE
MENINGES	PITCH	HYDRIC
HYPERTONIC	OUTBREAK	CHEST
ANTERIOR	GEOSPHERE	MIDTOWN
BACTERIOPHAGE	ACETYLCHOLINE	TASTE
IRIS	PHOTOSYNTHESIZE	BEE
EPISTASIS	SPIRILLA	SWALLOW
ACCOMMODATION	CONSUMPTIVE	OFFSHORE

Puzzle # 26

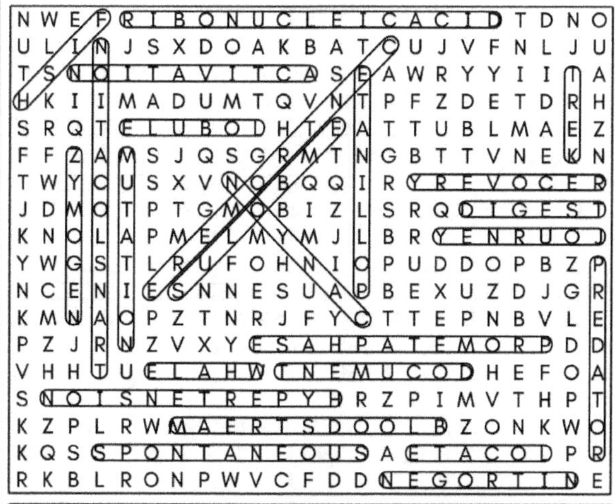

MUTATION	ZYMOGEN	PREDATOR
DIGEST	LOCATE	CANYON
CENTROMERE	NITROGEN	RIBONUCLEICACID
LOBULE	DOCUMENT	JOURNEY
PROMETAPHASE	TRANSLOCATION	EMBOLUS
POLLINATE	FISH	TREK
ACTIVATION	SPONTANEOUS	HYPERTENSION
BLOODSTREAM	WHALE	RECOVERY

Puzzle # 27

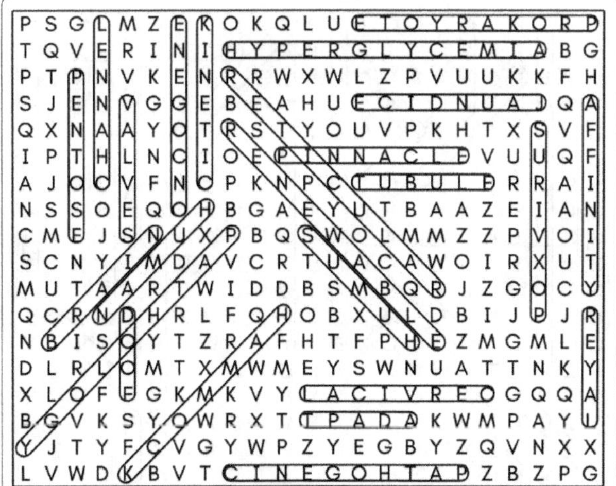

PROKARYOTE	PENTOSE	HUMAN
PATHOLOGY	BRAIN	HAMMOCK
HYPERGLYCEMIA	PATHOGENIC	ONCOGENE
VALVES	CERVICAL	ADAPT
FOOD	AFFINITY	CHANNEL
JAUNDICE	LAYER	HUMUS
KINETIC	POXVIRUS	RETICULAR
TUBULE	PINNACLE	RENEWABLE

Puzzle # 28

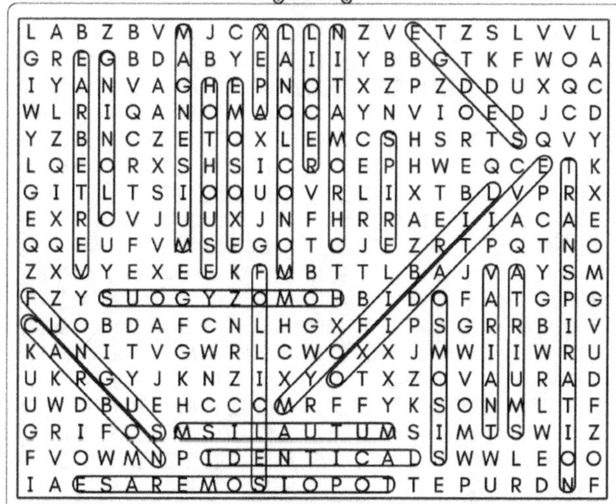

CHROMATIN	OXIDATIVE	CLONING
TOPOISOMERASE	VERTEBRAE	SPIRE
CARBON	MUTUALISM	IDENTICAL
ATRIUMS	MYOFIBRIL	HOTHOUSE
VARIANT	EXOSOME	MONOCLONAL
RECOIL	FOLLICLES	SEDGE
HOMOZYGOUS	OSMOSIS	FUNGUS
MAGNESIUM	TRANSPIRATION	APEX

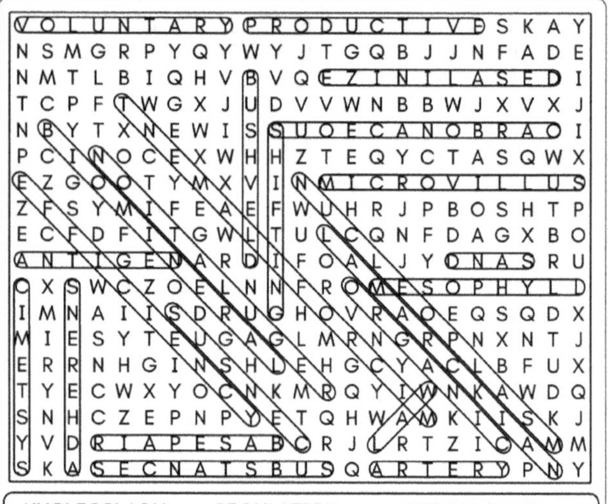

NUCLEOPLASM	REGULATION	MICROVILLUS
ADHERENS	ARTERY	DESALINIZE
MICROFILAMENT	EFFICIENCY	SYSTEMIC
CARBONACEOUS	VOLUNTARY	SAND
MESOPHYLL	ANTIGEN	ORGANIC
BIOMINERAL	CENSUS	BUSHVELD
LAW	LAMARCKIAN	SUBSTANCES
BASEPAIR	SHIFTING	PRODUCTIVE

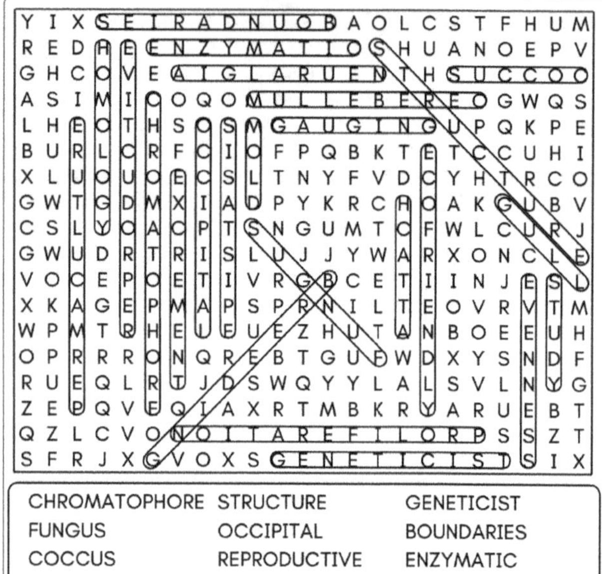

CHROMATOPHORE	STRUCTURE	GENETICIST
FUNGUS	OCCIPITAL	BOUNDARIES
COCCUS	REPRODUCTIVE	ENZYMATIC
MOLD	NEURALGIA	STUDY
ATTACH	EPISTASIS	GAUGING
EXCREMENT	PROLIFERATION	GULL
HOMOLOGY	BREEDING	EVENNESS
CEREBELLUM	PERMACULTURE	ECO-FRIENDLY

GRADIENT	MONOCLONAL	PULMONARY
TRABECULAE	ZONE	UNIQUE
ECOLOGICAL	CHEMOTROPH	DESCENDING
GLIDING	CLASSIFY	FACILITATION
LYTIC	POINTMUTATION	IODINE
DUCTLESS	CREVASSE	MANMADE
REPLICANT	OXYGENATE	SYMPATHETIC
OMNIVORE	TERN	PRECIPITATE

CELL	INHIBITION	VALVES
URINE	HERBICIDE	ALBATROSS
RIBONUCLEOTIDE	SYMBIOSIS	GASTRIC
INCONTINENCE	PESTICIDE	RAINWATER
HYPERGLYCEMIA	WATER	FATTY
ADDUCT	OAK	PLOUGH
WEB	MYCOLOGY	JAUNDICE
EPIDERMIS	COPPICE	MANAGEABLE

Puzzle # 33

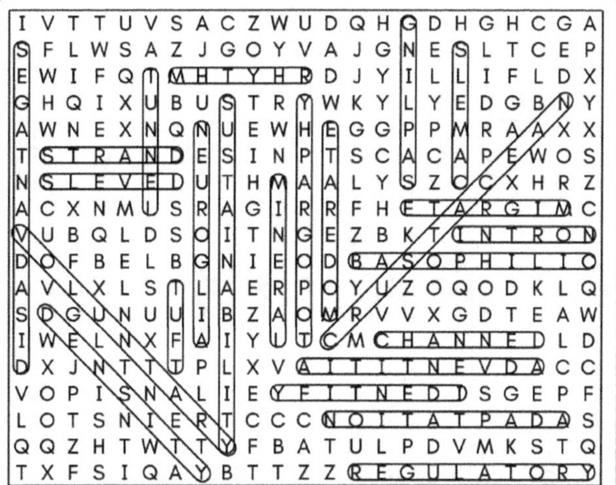

BASOPHILIC	LEVELS	NEUROGLIA
TOPOGRAPHY	SAPLING	TUFT
INTRON	RHYTHM	DISADVANTAGES
DENSITY	CRUSTACEAN	STRAND
REGULATORY	SUSTAINABILITY	ADVENTITIA
TUNNEL	CAMELS	MINERAL
ADAPTATION	CHANNEL	VOLUNTARY
IDENTIFY	MIGRATE	MODERATE

Puzzle # 34

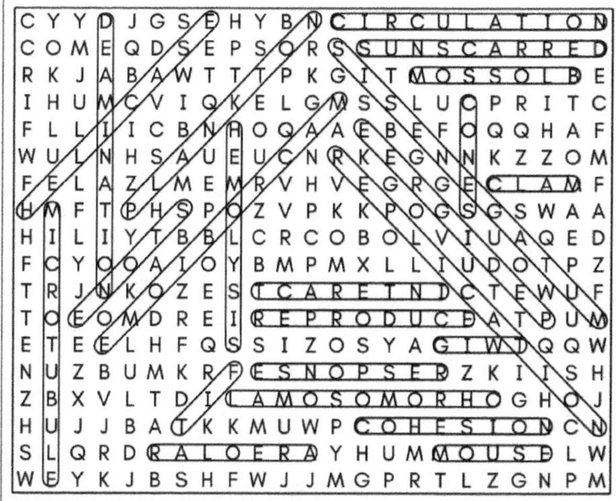

MICROTUBULE	CHROMOSOMAL	HEMOLYSIS
DEAMINATION	MACROBIOME	SUNSCARRED
REPLICATION	PEDIGREE	AREOLAR
RESPONSE	STONE	MOUSE
HELICASE	FIT	PLANKTON
CONES	TWIG	INTERACT
COHESION	MUTAGENESIS	CIRCULATION
REPRODUCE	CLAM	BLOSSOM

Puzzle # 35

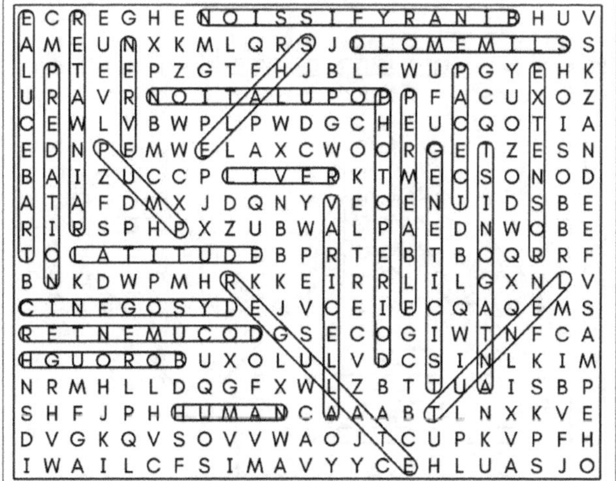

GENETICIST	VARICELLA	BINARYFISSION
REGULATE	TRABECULAE	LATITUDE
LIVER	PREDATION	SLIMEMOLD
NERVE	PHOTOPERIOD	ICECAP
POPULATION	HUMAN	SHALE
EXTENSOR	TUNNEL	BOROUGH
LYSOGENIC	PERMEABLE	PUMP
ANTAGONIST	DOCUMENTER	RAINWATER

Puzzle # 36

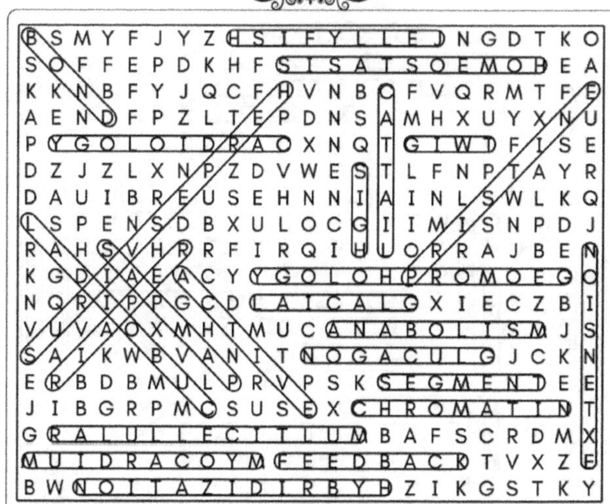

CHROMATIN	MYOCARDIUM	SEGMENT
EXTENSION	GLUCAGON	JELLYFISH
CUBOIDAL	PAMPAS	REPAIR
HYBRIDIZATION	SIGH	FEEDBACK
TWIG	HERPESVIRUS	CATTAIL
GEOMORPHOLOGY	BOND	CARDIOLOGY
HOMEOSTASIS	MULTICELLULAR	ACTIVE
PRISTINE	ANABOLISM	GLACIAL

Puzzle # 37

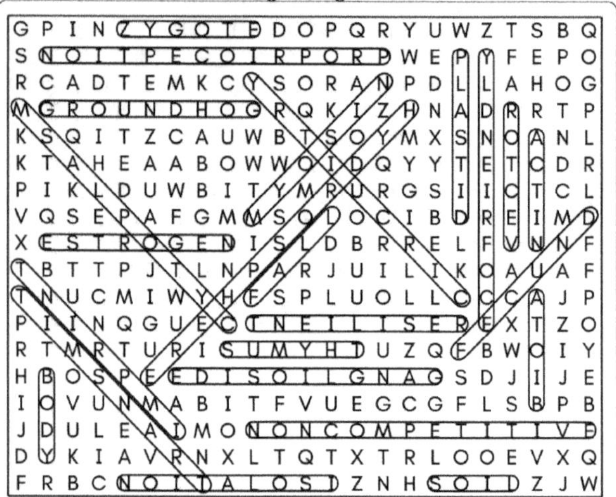

CYTOPLASM	BODY	ACTIN
MYOSIN	TRANSMIT	FECUND
PLASTID	NONCOMPETITIVE	GANGLIOSIDE
PROPRIOCEPTION	HYDROSPHERE	GROUNDHOG
ISOLATION	VECTOR	IMPRINT
ESTROGEN	BIOTA	SOIL
ZYGOTE	RESILIENT	CIRCUITRY
THYMUS	FALL	ECO-FRIENDLY

Puzzle # 38

VACUOLE	PHOTOSYNTHESIS	CORRELATE
MICROVILLI	TRANSPIRATION	MARSHY
CYTOME	DIOXIDE	SANDSTONE
COGNITION	SALINITY	CATTAIL
HELIX	KINETICS	ADVENTITIA
SPINE	MEADOW	MARITIME
SEPARATION	RESTORATION	OSCILLATION
FLAVOR	OYSTER	POT

Puzzle # 39

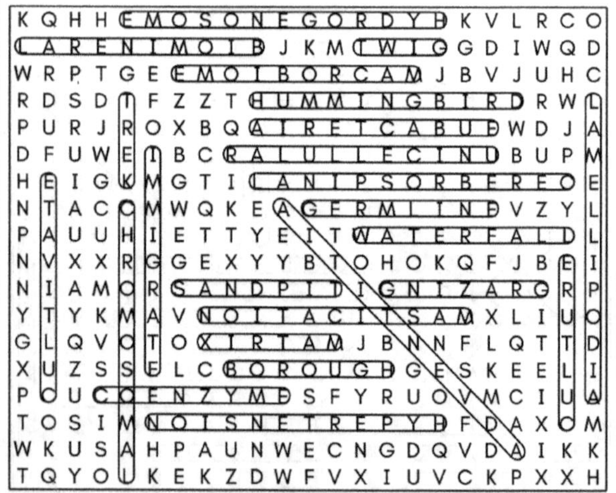

MATRIX	HYDROGENOSOME	BIOMINERAL
CEREBROSPINAL	SANDPIT	BOROUGH
CHROMOSOMAL	LAMELLIPODIA	ADVENTITIA
CULTIVATE	TWIG	HUMMINGBIRD
COENZYME	EUBACTERIA	HYPERTENSION
MACROBIOME	WATERFALL	TREK
GERMLINE	UNICELLULAR	MASTICATION
CULTURE	GRAZING	IMMIGRATE

Puzzle # 40

STRUCTURE	GLYCOLYSIS	DIAGENESIS
PIVOT	TWIG	SNOWFIELD
CONSUMER	POXVIRUS	ICEAGE
SMELL	CRUSTACEAN	FECUND
ARBOREAL	MICROTUBULES	MUTAGENIC
MIXED	MORAINE	NOMAD
STATE	LAMININ	ESOPHAGUS
GROVE	ICECAP	JEOPARDIZE

Puzzle # 41

ADENINE	SEXUAL	DOLLY
CAVA	SAVANNA	VIPER
POLYMERASE	PATHOGENIC	BACTERIUM
OSCILLATION	FLUCTUATION	BERGSCHRUND
PLOIDY	CRISPR	MYOCARDIUM
PORTAL	GATHER	COLD
FITTEST	ENDOPLASMIC	VESSEL
TWITCH	OVERFISHING	FODDER

Puzzle # 42

MESOPHYLL	DENSE	INTERBREED
TUNIC	STABILIZER	PHYTOPLANKTON
PHYLOGENY	REPRODUCTION	OXYGENATION
ESOPHAGUS	APPENDICULAR	COYOTE
ARC	INTERDEPENDENCE	SILICA
AMYLASE	SAMPLING	SCREE
BARRIER	OBLIGATORY	LURIA-DELBRUCK
SMALL	TWIG	SHELL

Puzzle # 43

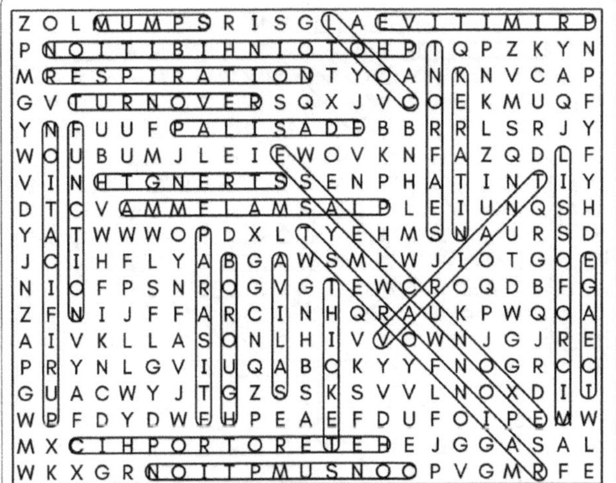

PHOTOINHIBITION	TURNOVER	PLASMALEMMA
ICEAGE	STRENGTH	SEAFRONT
PALISADE	RESPIRATION	EXONUCLEASE
FUNCTION	KERATIN	BOROUGH
VARIANT	MUMPS	PRIMITIVE
SALIVA	THICKET	CONSUMPTION
RAINFOREST	PARASITE	MICROFOSSIL
PURIFICATION	HETEROTROPHIC	COOL

Puzzle # 44

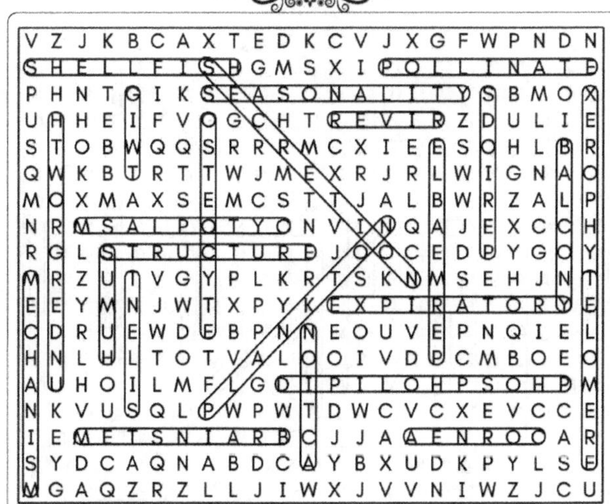

CYTOPLASM	STRUCTURE	OSTEOCYTE
EXPIRATORY	SEASONALITY	XEROPHYTE
PHOSPHOLIPID	MECHANISM	PLANKTON
ACTION	TWIG	SHELLFISH
SECRETION	SILENT	PERIODS
CORNEA	UNDERGROWTH	BALCONY
TELOMERE	PERMEABLE	BRAINSTEM
POLLINATE	RIVER	HUMUS

Puzzle # 45

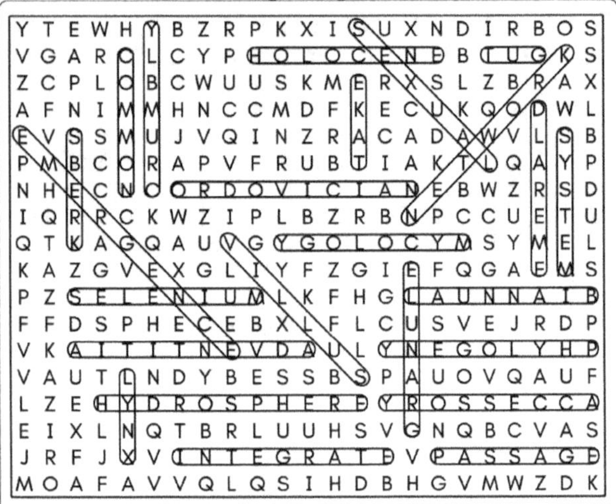

ACCESSORY	SYSTEM	MYCOLOGY
TAKE	HYDROSPHERE	CRUMBLY
PHYLOGENY	KREBS	HOLOCENE
GUT	BIANNUAL	NETWORK
COMMON	GRANULE	ORDOVICIAN
SELENIUM	LYNX	PASSAGE
SEXUAL	VILLUS	ADVENTITIA
INTEGRATE	EMERALD	EMERGENCE

Puzzle # 46

PLASTID	MICROEVOLUTION	MONTANE
MACROMOLECULE	DUGOUT	HAMMOCK
HISTONE	CONVERGENCE	PERMAFROST
HEALTH	FLOURISH	HOTHOUSE
GUANINE	EXTINCTION	VIRULENCE
EXCREMENT	GECKO	UNIQUE
UNMANAGEABLE	SIGNAL	FRAMESHIFT
ANTRUM	FOLIAGE	COOL

Puzzle # 47

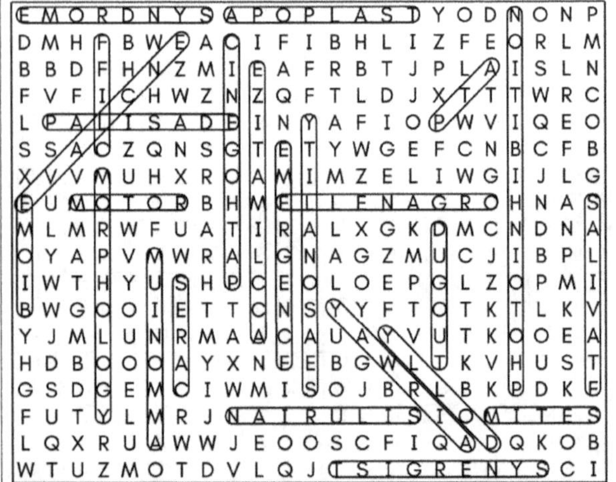

ORGANELLE	MORPHOLOGY	DOLLY
AIRWAY	SYNERGIST	SEASONALITY
ATP	BIOME	ACCLIMATIZE
SALIVATE	MITES	CLIFF
PHOTOINHIBITION	PATHOGENIC	APOPLAST
AMMONIUM	DUGOUT	SERAC
PALISADE	SYNDROME	SILURIAN
MOTOR	ENCLAVE	EMERGENCE

Puzzle # 48

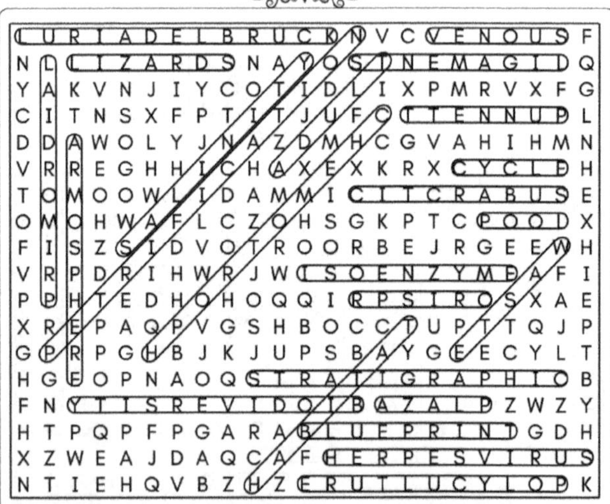

BLUEPRINT	HABITAT	CRISPR
ARMOSPHERE	VENOUS	LIZARDS
CYCLE	BIODIVERSITY	ADULT
PETRIFICATION	WASTE	PLAZA
POOL	ISOENZYME	CHEMOTROPH
STRATIGRAPHIC	LIGAMENTS	POLYCULTURE
PUNNETT	HERPESVIRUS	PRIMORDIAL
LURIA-DELBRUCK	SALINITY	SUBARCTIC

Puzzle # 49

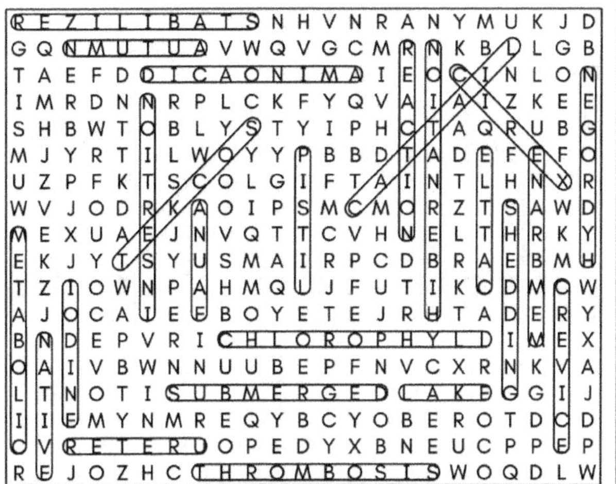

MEMBRANE	METABOLIC	THROMBOSIS
SOCKET	LAKE	CATTLE
HYDROGEN	INSERTION	IODINE
HIBERNATION	CREVICE	XERIC
CHLOROPHYLL	FAUNA	URETER
AUTUMN	NATIVE	PISTIL
REACTION	AMINOACID	STABILIZER
SHEDDING	CATTAIL	SUBMERGED

Puzzle # 50

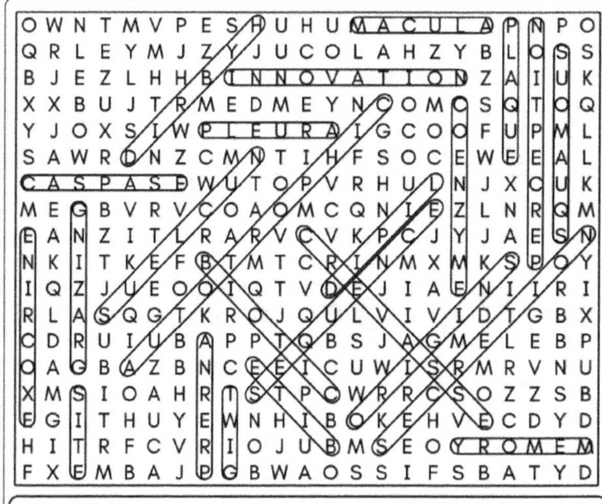

NUCLEUS	HYBRID	SQUAMOUS
PERCEPTION	MACULA	CREVASSE
SECRETION	SITE	CASPASE
PLEURA	LIPID	GRAZING
PLAQUE	COENZYME	ORIGINS
MEMORY	AUTOTROPHIC	BITE
SEQUENCE	BIOTIC	PRE-RNA
EXOCRINE	TWIG	INNOVATION

Puzzle # 51

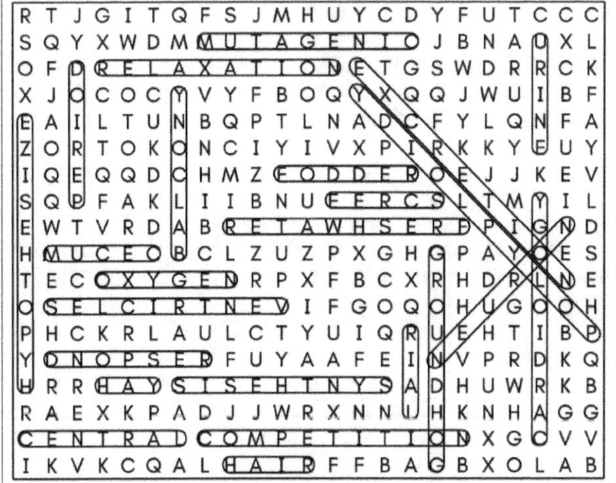

OXYGEN	SYNTHESIS	CARDIOLOGY
URINE	RESPOND	HAY
PERIOD	HYPOTHESIZE	VENTRICLES
CENTRAL	LAIR	FODDER
COMPETITION	MUTAGENIC	EXCRETION
RELAXATION	FRESHWATER	GROUNDHOG
NEURON	POLYPLOIDY	CECUM
HAIR	SCREE	BALCONY

Puzzle # 52

PHOTOCELL	BOREAL	PLANTS
HINGE	TREKKING	EMERGENT
CARBON	FRAMESHIFT	PEPTIDE
ESTROGEN	BAY	VELD
EXTINCT	LAMELLIPODIA	REPAIR
OSSICLES	DOLPHIN	BIOSWALE
HYPOTHALAMIC	CONCENTRATION	RELAXATION
HIDEAWAY	INSULATING	OFFSHORE

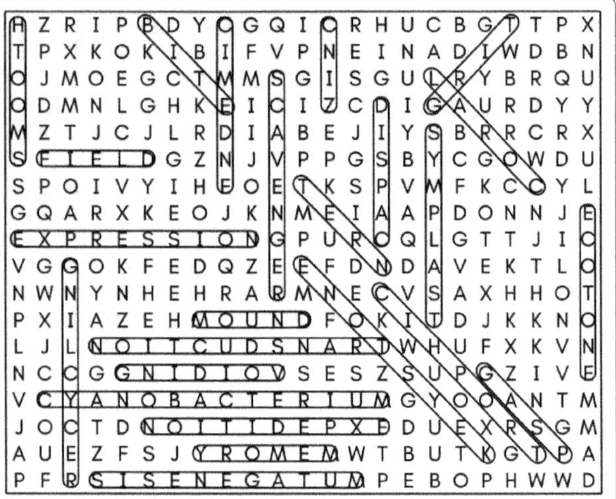

Puzzle # 53

SMOOTH	SCAVENGER	MUTAGENESIS
EXPRESSION	EXPEDITION	CYANOBACTERIUM
TROPHIC	CORAL	ZINC
ENDEMIC	GRIT	MEMORY
KEYSTONE	CAPSID	MOUND
SYMPLAST	TRANSDUCTION	FIELD
GASP	ECOTONE	TERN
VOIDING	RECYCLING	BITE

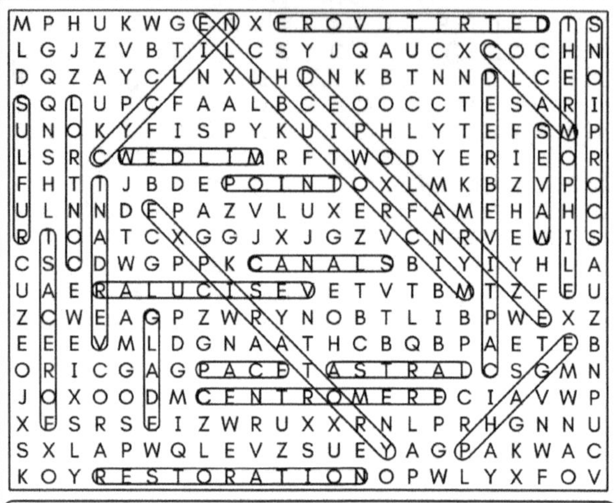

Puzzle # 54

MICROTUBULE	CYCLIN	POINT
PACE	MILDEW	VERDANT
VESICULAR	ASTRAL	DEPOLARIZE
EXPIRATORY	GLADE	DETRITIVORE
CENTROMERE	CONTROL	THERMOPHILE
CANALS	CLAM	FORECAST
PHAGE	RESTORATION	SULFUR
WAVES	SCORPIONS	CAPTIVEBREED

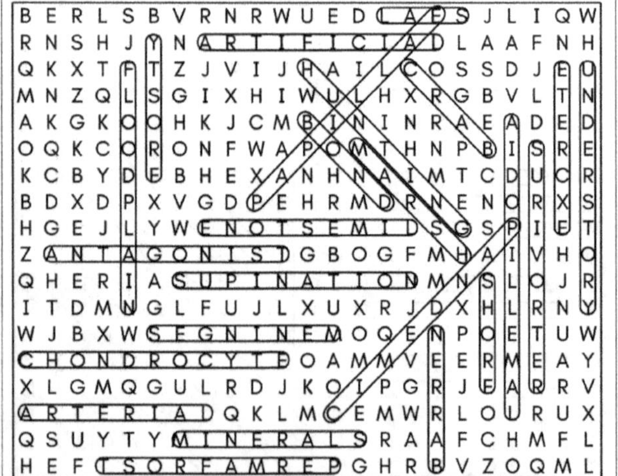

Puzzle # 55

RETROVIRUS	UNDERSTORY	MINERALS
MENINGES	MARSH	FLOODPLAIN
BOND	PANDEMIC	LIMESTONE
ANTAGONIST	CRAB	HUNTING
ARTIFICIAL	LAMELLIPODIA	ARTERIAL
SUPINATION	BARREN	SHORE
PERMAFROST	CHONDROCYTE	EXCRETE
PAPILLAE	SEAL	FROSTY

Puzzle # 56

SPINDLE	VACCINE	PEPTIDOGLYCAN
NEPHRONS	MULTICELLULAR	EPIPHYTE
GUANINE	POXVIRUS	CELLULOSE
MOTOR	MOUND	FACILITATION
PEDIGREE	DELETION	CAPSULE
MOBILITY	SUMMER	OVULE
COENZYME	EXOSMOSIS	CRETACEOUS
MACULA	ANTLION	RENEWABLE

Puzzle # 57

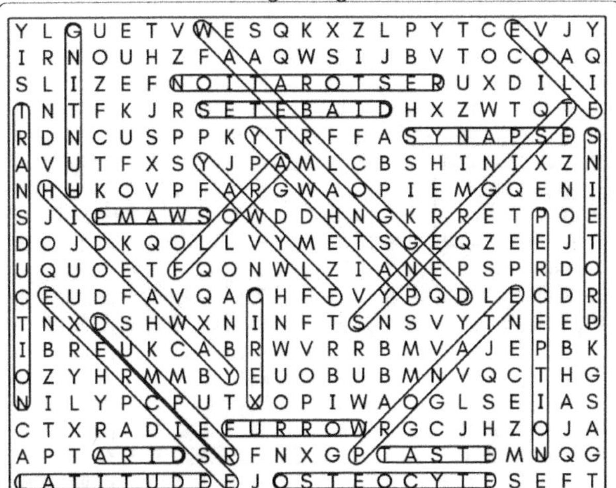

FURROW	PATHWAY	FLORA
EXERCISE	LATITUDE	WATERLOGGED
SYNAPSE	RESTORATION	PERCEPTION
SYNERGIST	SWAMP	XERIC
TRANSDUCTION	DUMPER	TASTE
PRONATE	ARID	HUNTING
DIABETES	OSTEOCYTE	PROTEINS
HIDEAWAY	FLOE	FLYWAY

Puzzle # 58

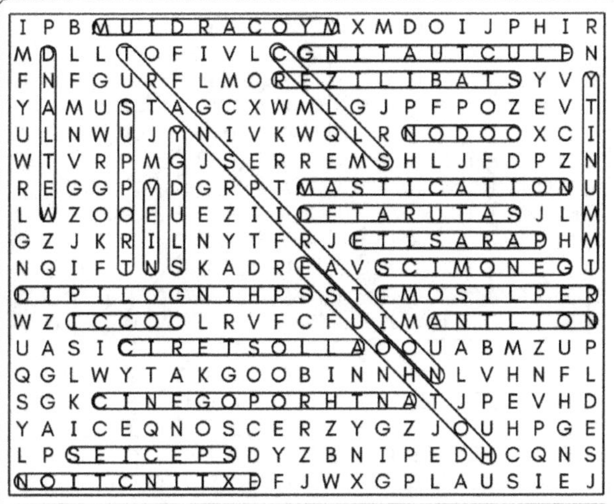

CODON	WETLAND	COCCI
MYOCARDIUM	SUPPORT	ANTLION
REPLISOME	ANTHROPOGENIC	PARASITE
VEIN	CELLS	HOTHOUSE
EXTINCTION	ALLOSTERIC	GENOMICS
MASTICATION	TRANSPIRATION	SLUDGY
SPECIES	IMMUNITY	SPHINGOLIPID
STABILIZER	FLUCTUATING	SATURATED

Puzzle # 59

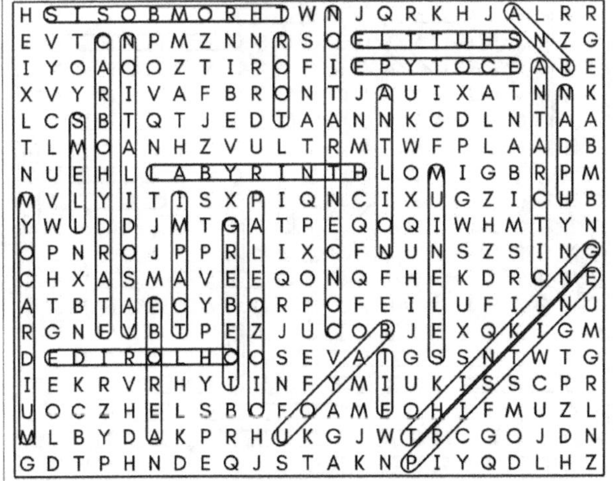

RNA	FIT	IMPACT
AEROBE	MYOCARDIUM	VASODILATION
CHLORIDE	LABYRINTH	ROOT
ANTLION	ICEBERG	BAYOU
NADPH	SHUTTLE	CONCENTRATION
PALEOZOIC	THROMBOSIS	SELENIUM
THINKING	SMELL	CARBOHYDRATE
ANTARCTIC	PRISTINE	ECOTYPE

Puzzle # 60

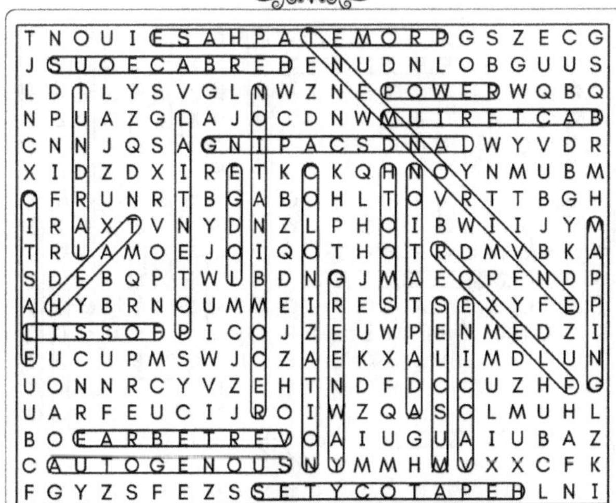

SMOOTH	FOSSIL	POTENTIAL
HEAT	POWER	MAPPING
RECOMBINATION	HERBACEOUS	ELASTIC
MUSCLES	FLEXOR	GREENWAY
PROMETAPHASE	VACCINE	ENVIRONMENT
HEPATOCYTES	COLONIZATION	LANDSCAPING
ADAPTATION	AUTOGENOUS	BACTERIUM
VERTEBRAE	LODGE	TUNDRAL

Puzzle # 61

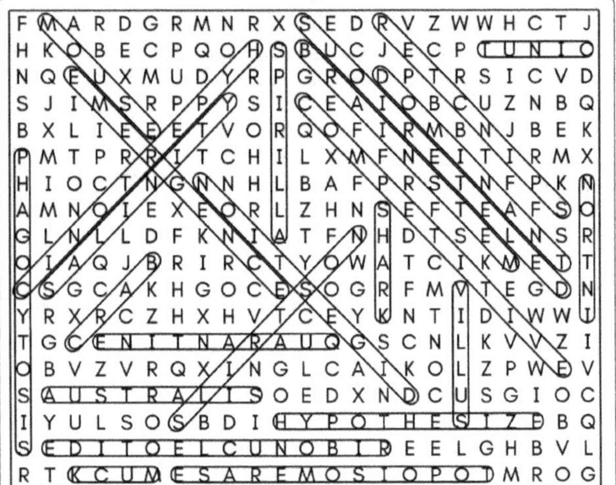

HYPERTONIC	COMPETITIVE	PHAGOCYTOSIS
TUNIC	SPINCTER	AUSTRALIS
INTRON	QUARANTINE	TOPOISOMERASE
NOSTRILS	SALINITY	MUCK
RIBONUCLEOTIDE	VILLUS	HYPOTHESIZE
BRAINSTEM	SHARK	MOUSE
DOMINANT	SPIRILLA	DELETERIOUS
DIGESTION	CRAB	EMERGENCE

Puzzle # 62

PROKARYOTE	LINKAGE	THERMOPHILE
BREATH	JOINT	DOCUMENT
LIGASE	PRODUCT	PRIMORDIAL
BRONCHUS	MELANIN	INSULATING
CLONE	PHOSPHORYLATION	TRACEFOSSIL
RECOIL	BLISTER	ECOTYPE
SPECIATION	ANTIBIOTICS	ARTERIAL
BALL	OMNIPRESENT	TEMPEST

Puzzle # 63

RECOMBINATION	MECHANISTIC	MICROTUBULES
OXYGENATION	MOUTH	MICROBIOME
OXYGEN	ANTIGEN	CLATHRIN
REDOX	VOLTAGE	NOMADIC
CONSUMER	ONCOGENE	DOPAMINE
CORRELATE	TESTOSTERONE	PENGUIN
UNDERSTORY	TARGETED	MUTUAL
BASEPAIR	PROLIFERATION	VINES

Puzzle # 64

HELICASE	MEIOSIS	TRIASSIC
VERTEBRAE	HERBICIDE	NUMBING
LIGASE	THERMODYNAMIC	VENULES
MOTOR	BOUNDARIES	PRODUCTION
DOUBLE	FILAMENT	BRONCHIAL
OPTIC	DEFORESTATION	SHOREBIRD
SILENCER	PENICILLIN	DUODENUM
PHOTOSYNTHESIZE	CYPRINID	FORECAST

Puzzle # 65

SECRETION	IMMUNITY	PRION
ASSIMILATE	LITTORAL	PURIFY
DOUBLE	KEYSTONE	ORGANICS
MOBILITY	BARREN	LOESS
CONSTANT	HYDROGENOSOME	ANATOMY
INTERPRETATION	SERAC	FOODCHAIN
HEXOKINASE	PROLACTIN	ATRIUMS
NAVIGATOR	FULMAR	PASSAGE

Puzzle # 66

PLASMOLYSIS	ORGANISMAL	DESMOSOME
FATTY	PUPIL	PERIPHERY
INTRON	SPECTRUM	ANTIBIOTICS
SODIUM	RODS	SNAKE
SEPARATION	SEVERE	PRION
BRAIN	CHEMORECEPTOR	CREVICE
PLOIDY	AUTOSOMAL	ANOXIC
BLISTER	BULB	SEDGE

Puzzle # 67

VESTIGIAL	COLLAGEN	CYANOBACTERIA
SENSATION	CIRCUITRY	GRASS
ZOONOSIS	EVOLVE	CHEMOTROPH
PLEURA	MICROECOSYSTEM	LARK
ALTERATION	FAUNA	MUTAGENIC
INGESTION	HIVE	EMERGENCE
AUTOSOMAL	MYCOBACTERIUM	DIGESTIVE
ACTION	CONIFER	EFFORTS

Puzzle # 68

CYTOLYSIS	FIT	MYOFIBRIL
REEDY	DOUBLE	PEROXISOME
PRONATE	RUSH	RADIANT
CAVA	SUBCUTANEOUS	CLOVER
PHOTOINHIBITION	BOLUS	CANALS
HAY	ARBOREAL	CARBOHYDRATES
SPRING	GROUNDHOG	POCKET
CREATININE	BEAR	CAMOUFLAGE

Puzzle # 69

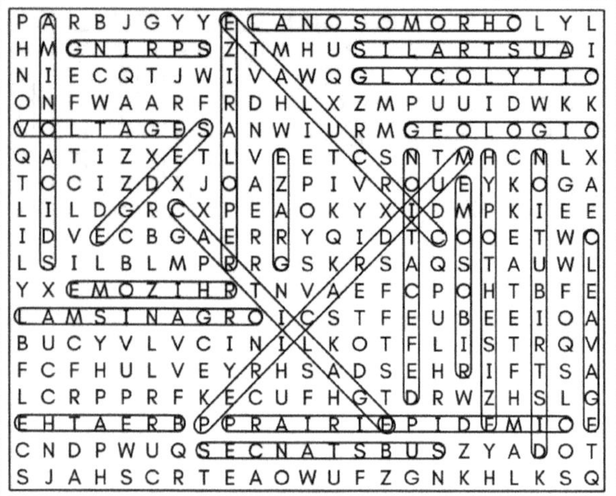

RIBOSOME	GEOLOGIC	CARTILAGE
PERICARDIUM	AMINOACIDS	SPRING
CHROMOSONAL	DISTRIBUTION	REPOLARIZE
CIRCULATE	VOLTAGE	AUSTRALIS
CLEAVAGE	GLYCOLYTIC	SUBSTANCES
BREATHE	PRAIRIE	SEDGE
ORGANISMAL	EPIDEMIC	HYPOTHESIZE
DEFECATION	RHIZOME	GRAZE

Puzzle # 70

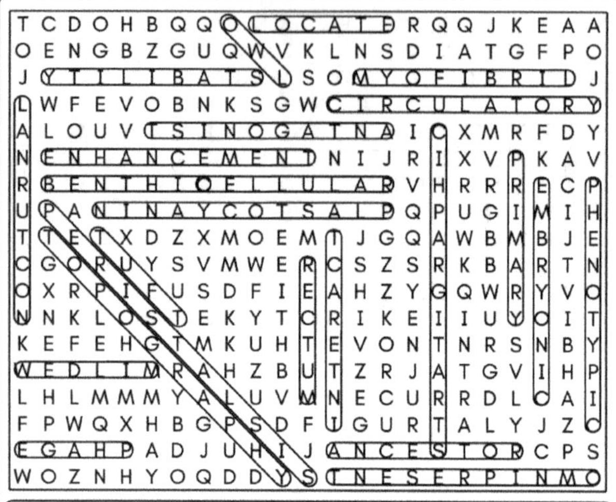

PHAGE	ENHANCEMENT	STRATIGRAPHIC
MYOFIBRIL	MILDEW	OWL
PLASTOCYANIN	PHENOTYPIC	CIRCULATORY
ANTAGONIST	OMNIPRESENT	NOCTURNAL
ANCESTOR	CELLULAR	PERISTALSIS
STABILITY	LOCATE	TUFT
PRIMARY	EMBRYONIC	RECTUM
TOPOGRAPHY	BENTHIC	INTERACT

Puzzle # 71

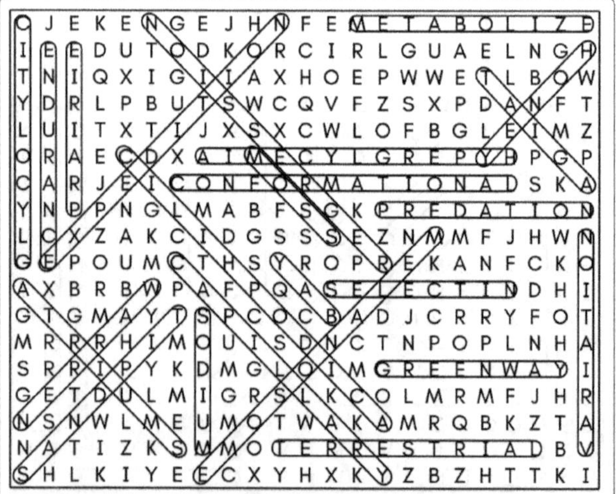

ACIDOPHILIC	CONFORMATIONAL	SELECTIN
SODIUM	MOSS	EXPEDITION
HYPERGLYCEMIA	GLYCOLYTIC	REGRESSION
ENDURANCE	METABOLIZE	BAY
TAIGA	PREDATION	ATRIUMS
MELANOSOME	WARREN	GREENWAY
TERRESTRIAL	VARIATION	CAPILLARY
PRAIRIE	SANDPIT	HONEY

Puzzle # 72

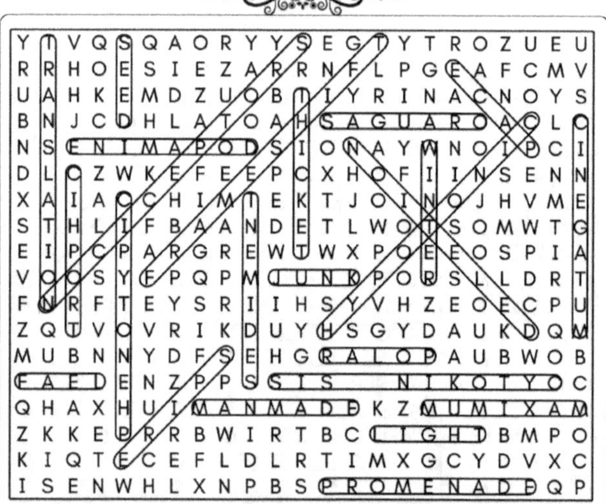

HYPOTONIC	LIGHT	FRAMESHIFT
MUTAGENIC	SEED	SPIRE
TRANSLATION	TROPHIC	PHENOTYPIC
PACE	LEAF	POLAR
JUNK	MAXIMUM	DOPAMINE
NOCICEPTORS	WINTER	PROMENADE
CYTOKINSIS	DELETION	SEDIMENT
THICKET	SAGUARO	MANMADE

Puzzle # 73

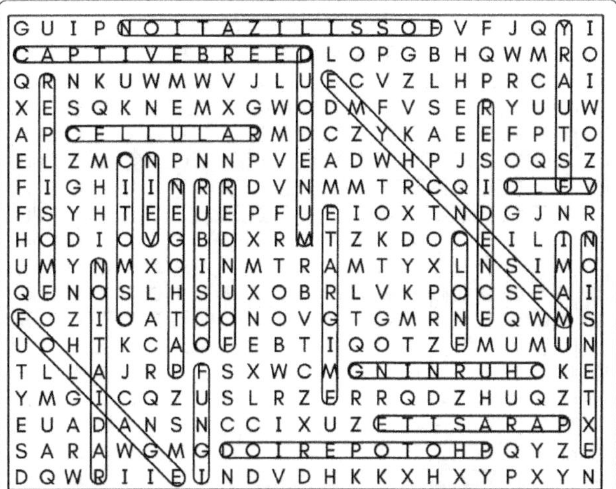

CLONE	PHOTOPERIOD	DUODENUM
CELLULAR	FOUNDER	VELD
UMAMI	FOSSILIZATION	OSMOTIC
REPLISOME	RESIDENCE	CHURNING
PATHOGEN	RADIATION	EMIGRATE
FUNGI	VEIN	MESENCHYME
RUBISCO	FOLIAGE	EXTENSION
PARASITE	ESTUARY	CAPTIVEBREED

Puzzle # 74

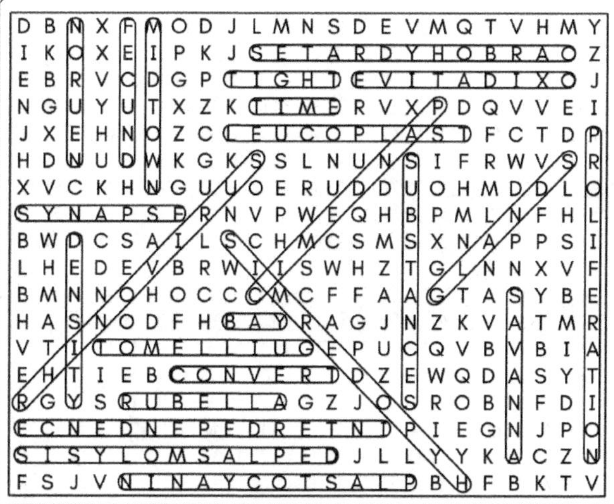

PLASTOCYANIN	PANDEMIC	DEPLASMOLYSIS
CONVERT	HYPODERMIS	BAY
TIME	RHINOVIRUS	TIGHT
SUBSTANCES	PROLIFERATION	GUILLEMOT
SYNAPSE	RUBELLA	NEURON
GLANDS	SAVANNA	FECUND
OXIDATIVE	LEUCOPLAST	INTERDEPENDENCE
CARBOHYDRATES	DENSITY	MIDTOWN

Puzzle # 75

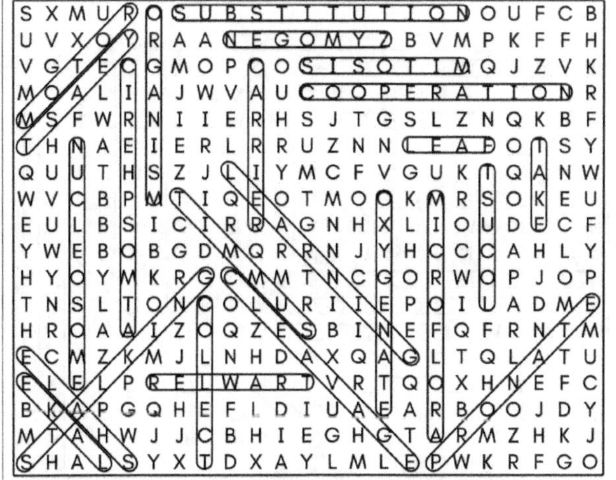

NUCLEOSOME	ZYMOGEN	YEAST
TAKE	LEAF	LOCUST
MITOSIS	CARRIER	MICROFLORA
LEARNING	COLLECT	SUMMIT
CLEAVAGE	SUBSTITUTION	SHALE
MOTOR	ATMOSPHERIC	TRAWLER
ORGANISM	COOPERATION	OXYGENATE
PRONATE	LAKE	STALKING

Puzzle # 76

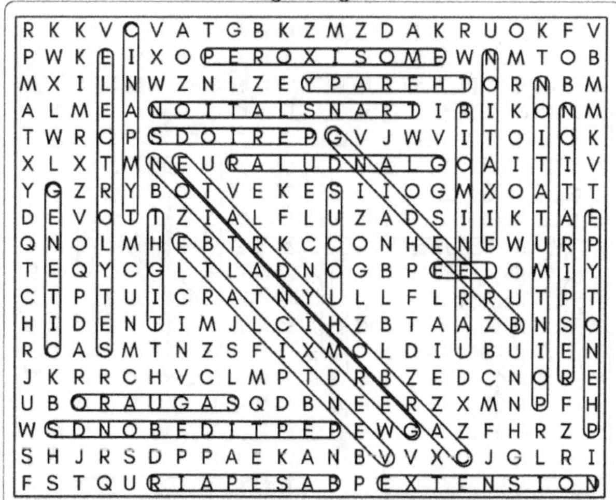

TRANSLATION	LOCUS	PEROXISOME
BIOMINERAL	VENTILATE	GERMINATION
FIXATION	BREEDING	GLANDULAR
PERIODS	ELECTROLYTES	CARBOHYDRATE
GENETIC	RESPIRATION	TIGHT
POINTMUTATION	EXTENSION	EEL
PHENOTYPE	THERAPY	PEPTIDEBONDS
BASEPAIR	TYMPANIC	SAGUARO

Puzzle # 77

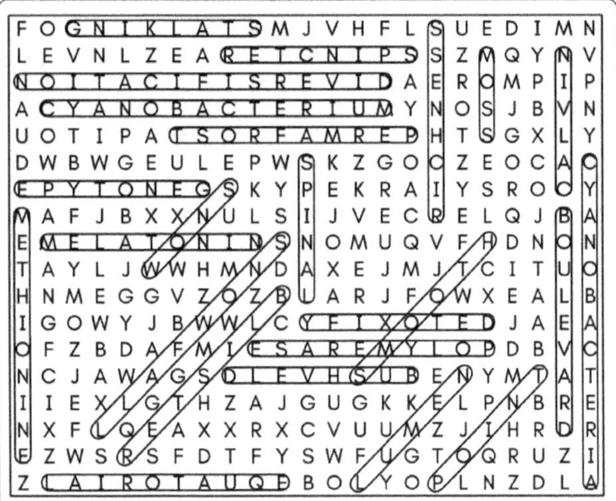

SMOOTH	CALVIN	PERMAFROST
CYANOBACTERIA	SPINAL	SNOW
POLYMERASE	LUMEN	POINT
CYANOBACTERIUM	BLISTER	BUSHVELD
METHIONINE	DIVERSIFICATION	MELATONIN
SPINCTER	MOSS	BOULEVARD
EQUATORIAL	GENOTYPE	RICHNESS
DETOXIFY	SNOWFALL	STALKING

Puzzle # 78

CHROMOSOME	CITRIC	GRAMSTAIN
BREATHE	SCLERA	INTERTIDAL
NUCLEOSOME	SILENT	CADHERIN
LIPASE	LIPID	SUCCULENT
THYLAKOID	LAMELLIPODIA	BIVALVE
PORTAL	CENSUS	MUDFLAT
HOMOZYGOUS	NUCLEAR	SILENTMUTATION
SKELETON	COPPICE	UNIQUE

Puzzle # 79

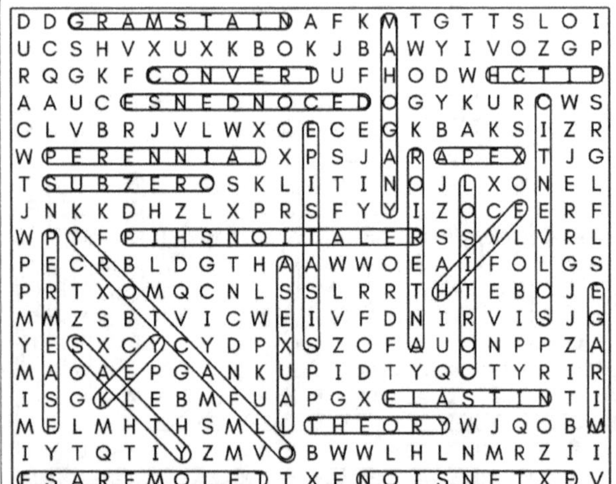

DECONDENSE	SOLVENTIC	CORTISOL
EXTENSION	SALTY	MAHOGANY
EPISTASIS	ELASTIN	CONVERT
ANTERIOR	KEY	MIRAGE
THEORY	ASEXUAL	GRAMSTAIN
PITCH	HIVE	SUBZERO
PERMEASE	RELATIONSHIP	TELOMERASE
OLFACTORY	PERENNIAL	APEX

Puzzle # 80

ENDOCYTOSIS	PYRUVATE	ADHERENS
CHLORIDE	TETANUS	FLOURISH
ADENINE	PROTEOMICS	CARDIOLOGY
GALLBLADDER	BALL	CYCLONE
CHLOROPHYLL	MICROFLORA	CAROTID
CLOTTING	HUMOR	LEMMING
CROSSOVER	PEPTIDOGLYCAN	EXCRETION
KIDNEY	WARREN	ATTACK

www.ingramcontent.com/pod-product-compliance
Lightning Source LLC
Chambersburg PA
CBHW081944160726
47999CB00008B/2507